I0530162

典籍翻译与多维诠释：
以"大中华文库"科技类典籍为中心
Classics Translation and Multidimensional
Interpretation:
A Study of Scientific Texts in the Library of Chinese
Classics

梁勇 著
Author: Liang Yong

CHICAGO ACADEMIC PRESS

Classics Translation and Multidimensional Interpretation: A Study of Scientific
Texts in the Library of Chinese Classics

Author: Liang Yong

Language: Chinese

Publisher: Chicago Academic Press

Publishing Date: August 7, 2025

ISBN: 978-1-965890-31-8

典籍翻译与多维诠释：以"大中华文库"科技类典籍为中心

作　　者　　梁勇

语　　言　　中文

出 版 社　　芝加哥学术出版社

出版日期　　2025 年 8 月 7 日

书　　号　　978-1-965890-31-8

Publishing　　Chicago Academic Press

　　　　　　　Chicago Illinois

Email　　　　contact@chicagoacademicpress.com

Website　　　http://chicagoacademicpress.com/

Book Size　　6X9 inches

First Edition　August 7, 2025

【基金项目】

本书为作者所主持的以下基金项目资助所取得的研究成果：

❖ 西华大学 2024 年本科纸质教材立项建设项目"典籍翻译与多维诠释：以'大中华文库'科技类典籍为中心"；西华大学外国语学院翻译一流专业建设项目、西华大学人才引进项目

❖ 西华大学研究生课程思政示范课《翻译伦理》（项目编号：YKC202423）、西华大学 2025 年校级研究生教育教学改革与实践项目"翻译专业学位产教融合'数智'育人模式研究"（项目编号：YJG202523）

❖ 四川省哲学社会科学"十四五"规划项目"文化多样性视域下中华典籍海外译介与多维诠释研究"（项目编号：SC22WY024）、中华文化外译与研究中心 2024 年项目（项目编号：ZY24B11）、西南交通大学美国研究中心 2024 年项目（项目编号：ARC2024012）、川酒文化国际传播研究中心 2024 年度规划项目（项目编号：CJCB2024-16）

作者简介：

梁勇，男，四川眉山人，文学博士，西华大学"双师双能型"教师，外国语学院英语系系主任。主研承担国家社会科学基金重大项目1项，教育部人文社会科学重大项目1项，主持教育部产学合作协同育人项目1项，四川省社科项目1项，教育部区域与国别研究备案中心四川省美国研究中心项目2项，主持四川省澳新研究院、四川外国语言文学研究中心、四川省巴蜀文化国际传播研究中心等省厅级项目5项。出版专著1本（排名第一），在国内外学术期刊发表论文20余篇，中国翻译协会会员、中国比较文学学会海外汉学研究分会会员。获校级"我最喜爱的老师"等称号，研究方向为典籍翻译、译介学。

About the Author:

Liang Yong, male, a native of Meishan, Sichuan Province, holds a Ph.D. in Literature. He is a "Dual-Qualified" (academic and professional) faculty member at Xihua University and serves as the Director of the English Department at the School of Foreign Languages and Cultures. He has presided over multiple research projects, published one monograph (as first author), and authored over 20 academic papers in domestic and international journals. He is a member of the Translators Association of China. Recognized with institutional honors such as "My Favorite Teacher", his research focuses on Chinese-English classical text translation and medio-translatology.

目　　录

第 1 章 绪 论

本章对本书的研究内容进行概述与规划，包含五个小节。第 1 小节简述研究背景。第 2 小节论述研究现状，通过文献述评对本研究意义进行阐述。第 3 小节提出研究问题，说明本研究的必要性与创新性。第 4 小节概述描述性翻译学与诠释学理论在内的跨学科研究方法。最后，第 5 小节将对本书的整体架构进行说明，以便读者更好地理解本书的研究思路与目标。

1.1 研究背景

在全球化与文化多样性并存的时代背景下，中国文化"走出去"成为国家文化战略的重要组成部分。通过文化交流，展示中国独特的文明成果，不仅有助于提升中国在国际社会中的文化软实力，也为世界多元文化的发展贡献了东方智慧。在这一过程中，中华典籍（陈福康 2000），特别是科技类典籍的翻译与诠释，成为促进中国文化传播的重要媒介。然而，尽管近年来对中华典籍翻译的研究逐渐增多，但相较于文学类典籍，科技类典籍的译介与诠释仍然处于相对薄弱的状态。

目前，已有的非文学典籍研究主要集中在《黄帝内经·素问》、《墨子》、《淮南子》以及《梦溪笔谈》等上（刘性峰 2020）。这些典籍的研究，虽在一定程度上填补了科技类典籍翻译与诠释领域的空白，但在研究的广度和深度上仍显不足。特别是在探讨翻译与诠释关系的过程中，现有研究多倾向于传统的翻译理论视角，对多元文明视角下的翻译策略与诠释方法的探讨较为欠缺。因此，系统梳理并深入研究中华科技典籍的翻译与诠释，特别是以"大中华文库"为代表的汉英对照版科技文献的译介过程，具有重要的学术价值和现实意义。

"大中华文库"系列作为中华典籍英译的重要项目之一，涵盖了大量科技类典籍。这些典籍不仅记录了中国古代科学技术的发展历程，也是世界科技史的重要组成部分。《孙子兵法》《梦溪笔谈》《天工开物》和《徐霞客游记》是本书的主要研究对象。例如，春秋时期的《孙子兵法》不仅在军事战略上影响深远，其英译本的传播更是对西方军事思想产生了深刻影响。北宋《梦溪笔谈》则被誉为"东方科学的百科全书"，其英译研究不仅有助于揭示中国古代科技的独特性，也为世界科技史的研究提供了丰富的资料。此外，明代的《天工开物》和《徐霞客游记》在科技与地理学方面的成就同样值得深入研究。值得注意的是，李约瑟主编的《中国科学技术史》通过西方学者的视角，对中国古代科技进行了系统总结，这一研究成果在国际学术界引起了广泛关注，也是本书研究的重要参考文献。

随着中国文化"走出去"工作的深入推进（鲍晓英 2013；傅莹 2020），中华典籍，尤其是科技类典籍的翻译与诠释研究愈显重要。通过系统梳理并深入分析"大中华文库"系列的科技典籍英译本，本书不仅致力于揭示中国古代科技的独特性与普遍性，也希望为全球文化多样性的发展提供新的研究视角与实践参考。这一研究不仅有助于推动中国传统文化在全球范围内的传播与认同，也为实现不同文明间的平等对话与理解作出积极贡献。

1.2 研究现状

本书的研究内容包括对这些典籍进行译介与诠释的描写分析，发现中外学者基于各自的文化背景和学术立场对典籍内涵的理解与解读存在的显著差异，深入分析其内涵，并总结这些文化诠释存在异同的原因。例如，在《孙子兵法》的翻译中，不同的翻译者在理解"道、天、地、将、法"五个要素时，往往会根据西方的军事哲学进行重新诠释，从而产生不同的译本。这些不同视角的诠释，不仅体现了东西方文化在理解世界和处理问题上的差异，也反映了翻译过程中的跨文化适应与再创造（李永胜

1990；李新德 2015）。因此，探讨这些科技典籍的英译本，挖掘其背后的文化诠释逻辑，不仅有助于深化我们对中国科技典籍的理解（刘性峰 2018），也为多维度的文明对话提供了新的视角（汪榕培，李正栓 2005）。

整体上，本书在描述性翻译研究的基础上，重点探讨这些典籍的英译过程及其传播效果，并分析不同译者在翻译过程中所采用的策略与视角。同时，通过中外学术观点的对比研究，进一步揭示科技类典籍在跨文化传播中的特征与挑战，并进一步探讨在全球化背景下，如何通过诠释与译介（谢天振 2003，2007），实现中华优秀传统文化的海外传播与认同。

就其相关前期研究而言，在中华科技典籍的翻译与研究这一领域，学者们从不同的角度进行了广泛的探讨和研究，形成了较为丰富的文献成果。以下通过对中国科技典籍的现当代国内研究、海外英译与研究概况的国内外相关研究进行系统梳理，旨在呈现已有研究的全貌，分析研究中的不足之处，以期为后文研究提供依据，在述评的基础上指出进一步研究空间。

一、国内整体研究

在中国知网（CNKI）以"科技典籍翻译""中华典籍翻译""典籍英译""科技翻译"等为题名，检索 1949 至 2025 年 5 月止的相关研究成果，得出科技典籍英译的相关文献共计 127 篇，其中期刊 108 篇，博士论文 11 篇，硕士论文 4 篇，会议论文 4 篇。

在国内，中华典籍的研究主要集中于对典籍原文的校勘与注释、典籍内容的科学性分析以及典籍翻译的研究。首先，对于典籍原文的校勘与注释，学者们多采用传统的文献学方法，通过对不同版本的对比分析，揭示典籍的文本发展脉络。从诠释学的视角开展对中国古代科技典籍翻译的研究，是具有一定必要性的（刘性峰 2018）。在典籍英译研究中，研究者多从文化意蕴、文化专有项和翻译补偿（李文革 2000；范祥涛 2008；夏廷德 2009），深度翻译视角（王雪明，杨子 2012；宋晓春 2014；张璐 2020）、文化语境和文化翻译观下的翻译策略（蒋坚松，彭利元 2006；徐珺，霍跃红

2008；梅阳春 2014）、语内翻译和语际翻译下典籍阐释（黄国文 2012），民族典籍以及典籍翻译译者研究（蒋骁华 2010；李正栓，王心 2019），以及典籍翻译的宏观视角与应用研究（王宏印 2015，2017；许多，许钧 2019；罗选民，李婕 2020）等方面开展了大量研究，但涉及科技典籍的研究数量有限，对多个科技典籍进行系统性对比研究的成果较为欠缺。

其次，关于科技典籍内容的科学性分析，国内学者多从历史学、科学史等学科出发，对典籍中的科学思想和技术成就进行了深入挖掘。例如，李约瑟的《中国科学技术史》在这一领域具有开创性意义，他通过详实的历史资料，系统梳理了中国古代科技的发展历程，对《天工开物》等典籍的科技成就进行了高度评价。此外，李约瑟的研究也引发了国内学者对中国古代科技的重新认识与反思，推动了这一领域的进一步研究。

再次，关于科技典籍的翻译研究，近年来取得了显著进展。学者们主要关注典籍翻译的策略、译者文体研究、典籍英译语境本体性及其对目标语文化的影响（霍跃红 2010；周小玲 2011；白玉杰 2014），也有从系统功能语言学对典籍英译开展的研究（束慧娟 2016），或对中国典籍英译理论体系进行"传神达意"理论建构研究（付瑛瑛 2011），以及整体翻译研究的梳理（刘性峰，王宏 2017）。针对本书主要研究对象而言，屠国元、吴莎（2011）对《孙子兵法》进行了历时性描写，指出 1905 年为该书第一部英译本产生时间，已有三十多个译本，结合历史语境对该典籍的不同译本、翻译策略进行了描述性研究。裘禾敏（2011）的博士论文研究了《孙子兵法》的四个典籍译本，结合语言、文化、阐释、训诂等因素，从跨学科视角对语内和语际翻译进行了深入研究。黄海翔（2015）在研究中探讨了《孙子兵法》英译过程中的文化适应性问题，指出不同译者在处理文化专有名词时所采取的不同策略，深刻影响了该典籍在英语世界的接受程度。《孙子兵法》的历时研究还包括百年英译史研究（季红琴，周昕怡 2023）、文献计量分析研究（叶珺霏 2024）等。

近年来，《天工开物》的多种英译本研究取得较多成果，学者从社会"资本"和深度翻译视角展开分析探讨，还论述了该典籍重译研究（Koskinen & Paloposki 2003；田传茂 2014；许明武，王烟朦 2017），对译本的科技术语进行了对比分析（王烟朦，许明武 2018，2020），探讨了其修辞及英语效果（王烟朦，许明武 2020），揭示了不同译者在理解和传递中国古代科技思想时的差异与共性，还对"大中华文库"版《天工开物》英译者进行了访谈，取得译者研究成果（王烟朦，王海燕，王义静，刘迎春，2019）。此外，《天工开物》文学性的转换研究（王烟朦，许明武 2022），在社会翻译学视角下的译者惯习研究（王烟朦，梁林歆 2022），以及内容阐释时的译者选择研究（王烟朦，许明武，梁林歆 2021；王烟朦 2022）也取得不少研究成果。

作为《梦溪笔谈》英译本，王宏（2010）对其译本的翻译策略进行了分析，指出根据文本类型和分类条目进行英译选择十分重要，其英译文以"明白、通畅、简洁"为翻译目标（王宏 2010：18）。闫春晓（2014）在文本类型理论视角下对《梦溪笔谈》英译策略进行了探究，指出由王宏英译并在英国帕斯国际出版社(Paths International Ltd.)出版的《梦溪笔谈》促进了中国传统文化典籍对外传播，其翻译策略值得借鉴。石春让、陈泉有（2018）对王宏英译的《梦溪笔谈》中富含音乐类文化负载词，译者采用的方法包括"转换拼写法、文外解释、文内解释、使用同义词、绝对普遍化"（石春让、陈泉有 2018：108）等，对同类典籍译介而言具有重要的参考价值，值得深入探究。

刘性峰、王宏（2020）在"再论中国古代科技典籍翻译理论框架构建"文中强调有必要视中国古代科技典籍翻译为整体，从"本体论、认识论、方法论、历史论、目的论以及应用论"方面加强系统性研究。这为科技典籍的翻译研究提供了较为具体和可操作的理论视角，可依此加强个案的分析和研究。王烟朦、梁林歆（2021）的"丁文江的科技典籍译介活动钩沉"一文通过分析丁文江对《徐霞客游记》和《天工开物》的翻译文字和史料，探讨其翻译动机，并进一步研究他在选择翻译底本和翻译策略时的考虑，同时探讨丁文江的翻译活动对以李约瑟为代表的西方学者开展中国科技史研究所产生的

"双重"影响，从而推动科技典籍英译史的研究和撰写。在相关科技典籍的翻译策略与译介影响方面可进行进一步详细考察。

刘性峰（2020）的"中国古代科技典籍英译研究之诠释性理据分析"一文认为通过科学、适当的方式将中国古代科技典籍进行翻译和传播，是推动优秀中国文化走向世界、讲述中国故事的重要途径之一。从诠释学角度探讨中国古代科技典籍英译可主要开展中国古代科技的诠释性、中国古代科技典籍的诠释性，以及翻译过程中的诠释性等方面的研究，其中包括对科技的科学性与人文性进行分析，对科技典籍多义性和修辞性进行研究，并对译文进行比较和诠释。

在国家图书馆以及各大知名高校图书馆网页，以"典籍翻译""科技典籍翻译""科技翻译""典籍英译""典籍译介"等为题进行图书检索，经交叉整理和筛选发现，已出版数十余部相关学术著作。

刘性峰（2020）在《诠释学视域下的中国科技典籍英译研究》书中对《黄帝内经·素问》《墨子》《淮南子》《梦溪笔谈》进行了分析，这些典籍成书时间在宋代及以前，关注译者对典籍的诠释以及其影响因素，从翻译、诠释、叙事、出版、传播等不同维度加强中华科技典籍的研究，形成了系统性的研究。但该书研究对象仍有局限，有待于学界补充和拓展科技典籍研究范畴，与此呼应和对照，促进科技典籍海外译介与传播多学科、全方位以及立体化的研究。

王烟朦（2022）在《〈天工开物〉英译多维对比研究》考察了布迪厄社会学视角下《天工开物》英译者与其英译本生成关系、科技内容及其三个英译本翻译策略、人文内容的译文阐释和迻译、语言风格的翻译与传达，以及英译本的海外传播和接受，多维对比研究能更全面地分析语言与考量语言外的翻译过程与传播效果。

二、国外整体研究

在国外，中华科技典籍的研究同样受到广泛关注，尤其是在翻译与传播领域，新时代翻译实践迎来新的机遇（黄友义 2018）。西方学者在研究中国古代科技典籍时，多从跨文化交流与比较文学的视角出发，探讨这些典籍在西方世界的传播与影响。

首先，关于中国科技典籍的英译研究，西方学者多聚焦于文本的忠实性与文化转换问题。不同海外学者对《孙子兵法》进行了全译、选译和研究，取得了较多成果，重译现象较为凸显（Giles 1910，Griffith 1963，Sawyer 1994，Cleary 1988，Minford 2002，Nylan 20022）。不少学者在著作中对《孙子兵法》的多种英译版本进行了详尽的比较分析，指出不同译者在处理军事术语时的文化适应性与转换策略，并探讨了这些策略对西方读者理解原著思想的影响。这一研究为理解中国科技典籍在跨文化传播中的复杂性提供了重要参考。

其次，国外学者对中国科技典籍在西方的接受与影响进行了广泛探讨。学者在研究中指出，《天工开物》作为明代科技典籍的代表，其英译本在西方科学史研究中产生了深远影响，包括李约瑟《中国科学技术史》第 4 卷第 2 分册（1965）对该典籍进行了多次引用。Sivin（1995）探讨了《天工开物》在帝制中国科学史上的地位。通过分析《天工开物》的译介过程，他揭示了西方学者对中国古代科技的认知演变过程，并指出这一过程对中西方科学交流的促进作用。

此外，国外学者还将中国科技典籍与古代社会文化背景相结合进行了深入研究。Sivin（2021）在对沈括进行研究时，结合明代时代背景对《梦溪笔谈》进行了较大篇幅的论述。部分学者在研究《梦溪笔谈》英译时，提出了"文化等效"的翻译策略，主张在尊重原文文化内涵的基础上，实现目标语文化的自然接受。这一策略在随后的翻译实践中得到了广泛应用，并为跨文化翻译理论的发展提供了新的视角。在英国出版的王宏《梦溪笔谈》译作（2011）是该典籍在世界范围内的首个英文全译本，这是科技典籍由中国学者进行重译，并在国外出版和传播的较好例证（参见王宏、刘性峰 2015：

70），对传播中国古代科技文化和中华科技史起到了推动作用。这也体现了译者个体对所译文本的择选倾向，有别于国家层面的统一规划，与之互补。此外，对《徐霞客游记》的海外研究也陆续取得一些进展，包括欧美地区的多位学者的研究（Hsieh 1958；Needham 1959；Li 1974；Ward 2001），以及美国徐霞客研究社团的成立（2000）。

三、研究述评

通过上述文献综述可以看出，中华科技典籍的翻译与研究已形成一定的学术积累，无论是在国内还是国外，相关研究都取得了丰富的成果。然而，当前的研究仍存在一些不足之处。首先，国内的研究多集中于单一典籍的翻译与解读，缺乏对不同典籍之间的系统比较与分析。其次，在翻译策略的探讨中，多侧重于语言层面的研究，而忽视了文化层面的深度诠释。最后，尽管国外学者在跨文化传播与接受研究方面取得了显著成果，但对中国科技典籍的原初思想及其在翻译过程中的损失与再创造研究仍显不足。

基于上述分析，本书将结合跨学科的研究方法，对"大中华文库"（汉英对照）版中的四本科技典籍《孙子兵法》《梦溪笔谈》《天工开物》《徐霞客游记》进行系统的翻译与诠释研究，特别是通过对比中外学者的不同诠释视角，深入探讨文化在翻译过程中的作用与影响。通过这样的研究，本书不仅希望填补现有研究的空白，也旨在为中国优秀传统文化的海外传播提供新的理论与实践参考。

中华古代科技类典籍的研究意义重大，在新时代我们有必要从文明多样性视角以及诠释学理论视域（伽达默尔 2010；季羡林 2016），加强对科技典籍本体的认知，从多个维度解读中西方学者对科技典籍的诠释，并对其译介史进行描写，对其传播和效果进行比较，为新时代典籍外译等研究提供参考。

1.3 研究问题

本书研究对象主要为"大中华文库"（汉英对照）版科技文献典籍，包含春秋时期的《孙子兵法》、北宋《梦溪笔谈》、明代《天工开物》、明代《徐霞客游记》，并涉及李约瑟所主编英文版《中国科学技术史》等文献资料，聚焦这些非文学类典籍的翻译与诠释内容，对其英译史料进行挖掘和进一步分析，通过中外不同诠释观点的对比，加强文化的对比研究，丰富我们对非文学类典籍的认知以及对文明多样性的理解，从而进一步认知中国优秀传统文化的内涵、特点与独特之处。

基于此，本书研究问题主要包含以下几个方面：

（1）"大中华文库"版科技文献典籍的英译过程中，不同译者在文化背景和诠释视角上有哪些差异？这些差异如何影响译本的理解与传播？

（2）在《孙子兵法》《梦溪笔谈》《天工开物》和《徐霞客游记》的英译过程中，译者如何诠释和翻译原文中的文化特定概念和科学术语？这些处理方式对西方读者理解中国古代科技产生了怎样的影响？

（3）通过对中外不同诠释观点的对比分析，如何利用"大中华文库"版科技文献典籍的英译研究，来丰富我们对中国优秀传统文化内涵、特点与独特之处的理解？如何能更好地进一步推动中华科技典籍对外传播，在中国典籍跨文化交际中建构具有中国特色的中国自主话语体系？

本研究在对象、视角和问题设定上均展现出创新之处。突破传统聚焦文学典籍翻译研究的局限，将目光投向"大中华文库"汉英对照版科技文献典籍，以《孙子兵法》《梦溪笔谈》《天工开物》和《徐霞客游记》等为研究对象，补充了非文学类科技典籍英译的系统研究。此外，研究视角不再局限于翻译技巧，而是深入挖掘英译史料，从文化对比与文明多样性角度，通过中外诠释观点对比审视翻译活动。另外，提出的研究问题形成了从译者差异、翻译处理到文化传播与话语体系建构的系统框架。

在研究价值层面，理论上，丰富了非文学类典籍翻译理论，拓展了文化对比研究维度。在实践层面，为科技典籍英译提供参考，助力提升翻译质量和国际传播效果，还为建构中国特色自主话语体系探索路径。在文化价值上，既深化了对中国传统文化内涵、特点的认知，又推动了中外文化交流互鉴，增进国际社会对中国文化的理解与认同。

1.4 研究方法

翻译研究的方法多种多样，包括规定性研究与描述性研究、共时性研究与历时性研究、以及宏观研究与微观研究等。翻译研究的一个显著特征便是其"跨学科性"。交叉研究方法能够有效地弥补单一方法的不足，通过多角度、多层次的综合分析，实现更加全面和深入的研究。在进行翻译研究时，应当适当借鉴和融合不同学科的理论、方法与知识，最终形成更为丰富和立体的研究成果（蓝红军，2019：137）。

本书的研究结合翻译学、文字学、史学等跨学科研究方法，对"大中华文库"版 4 本中国古代科技文献典籍的翻译与诠释路径进行系统梳理，进一步探索要实现中国自主翻译话语体系的建构，对中华典籍的诠释应当注意哪些方面。具体而言，在诠释学理论视角和描述性翻译研究方法论的基础上，通过系统整理中国优秀科技类典籍的译介阶段性特征，分析其多个典籍英译本的诠释视角、英译策略与传播效果等，着力回答科技类典籍译介的特点与相关海内外学术观点，并进一步探讨典籍译介"为何"以及"何为"等问题，为中国优秀传统文化的海外传播提供参考。

在本书的研究过程中，诠释学与描述性翻译学理论是两个核心理论框架，其详细内容在第 3 章进行论述。通过理论框架的引入，本书试图揭示中华科技典籍在跨文化传播中的深层次问题，并探索这些典籍在翻译过程中所经历的文化转换与再创造，以下是对本研究理论要点的简要概述。

（1）诠释学理论视角

诠释学（Hermeneutics）作为一种理解与解释的理论工具，最早源于神学研究，但在 20 世纪逐渐扩展到哲学、文学、法学等诸多领域，并成为翻译研究中不可或缺的理论基础。诠释学的核心在于理解，即在翻译过程中，译者不仅要忠实于原文的字面意义，还需深入理解文本的文化背景、作者意图及其潜在的文化内涵（Gadamer, 1975）。这一过程强调译者的主体性作用，译者不再是单纯的语言转换者，而是文本意义的共同创造者。伽达默尔（Hans-Georg Gadamer，1900-2002）指出，理解具有历史性，把文本中所存的"真实的意义析取出来，本身乃一个无尽的过程"。（[德]伽达默尔著，洪汉鼎译 2010：78-79）

在本书的研究中，诠释学理论被用于分析中华科技典籍的英译过程中，译者如何在不同文化背景下理解与重构原文的内涵。特别是在《孙子兵法》《梦溪笔谈》《天工开物》《徐霞客游记》的翻译过程中，译者对原文科学思想和文化内涵的理解，直接影响了译本的准确性与传播效果。例如，《孙子兵法》中的军事哲学思想在西方的解读过程中，往往会因文化差异而被重新诠释。通过诠释学的视角，本书探讨了这些科技典籍在翻译过程中如何经过译者的主观理解，形成了不同版本的译本，并分析这些版本在西方文化语境中的接受与传播。

中国古代科技文献的经典性在历代多个注本中得到了充分体现，这些注本不仅彰显了这些典籍作为经典的地位，也展示了不同学者在不同历史时期对其内容的深入解读。与此同时，海外不同时代的译者在翻译这些经典时所采用的视角也各有不同，这种差异性进一步表明了这些典籍在跨文化传播中的可阐释性。正是这种可阐释性，为这些典籍在不同历史背景下的重译提供了重要的前提和依据，使其能够在不同的文化语境中不断获得新的解读和传播。

（2）描述性翻译研究

描述性翻译学（Descriptive Translation Studies，DTS）是由以色列学者 Gideon Toury 在 20 世纪 70 年代提出的一种翻译研究方法。与传统的规范性翻译研究不同，描述性翻译学侧重于对翻译现象进行客观描述与分析，关注翻译行为在特定文化和历史背景下的实际运作机制。描述性翻译学强调以目标文本和译本为研究对象，通过对译本与原文的对比，探讨翻译策略的选择及其背后的文化动因（Toury, 1995）。

在本书中，描述性翻译学理论被用于分析《天工开物》《徐霞客游记》等中华科技典籍在英译过程中，不同译者在处理文化特定词汇、技术术语以及科学概念时所采用的翻译策略。通过对比不同版本的译本，本书试图揭示译者如何在跨文化交流的背景下进行选择与妥协，以及这些选择如何影响译本的传播与接受。例如，在《天工开物》的翻译中，译者对原文中复杂技术术语的处理，往往反映了其对西方读者的文化预期和接受能力的判断。描述性翻译学的研究方法帮助本书从微观层面上剖析了这些翻译行为的内在逻辑与外在影响。

对于新时代的典籍译介而言，其发展历程并不长，有必要加强研究范式和方法论上的研究，正如王宏、刘性峰（2015：78）指出在典籍翻译研究方法论层面，还存在方法比较"单薄"，整体上采取定量研究与定性分析相结合的不多见，另外还需进行深度研究。此外，研究广度和视野也需拓展，例如，加强中国古代科技文献经典的翻译、传播与接受研究，加强科技史领域海外汉学家的口述史研究等。

（3）具体研究方法

在典籍翻译研究中，语言、民族、文化、地域等方面的跨越性和学科交叉性尤为显著，因此，在梳理翻译史料时，需要采用历史分析法来进行源流追溯与史料的甄别工作。这一方法有助于明确翻译活动的历史背景，确保所使用的史料具有真实性和可靠性。

在科技文献典籍史料梳理方面，首先需要对其海内外译介活动的相关史料进行全面的文献调查。具体而言，需通过穷尽式搜索，获取尽可能全面、系统的研究基础材料，确保所获得的数据能够支撑后续的深入研究。在此基础上，通过文献分析的方法，探明科技文献典籍在海外的译介活动的现状及其特性，深入解读汉学家和翻译者对于这些文献的主要观点，并对不同译者的观点进行对比分析，探讨他们在翻译过程中所受的动机与影响。此外，还应对科技文献典籍的译文序言、前言、后记等部分进行细致研究，并对相关出版书籍、学术论文进行筛选和分类，进一步整理归纳，以便对科技文献典籍的译介活动形成更加系统的理解和分析。

在本研究中，考据学理论作为一种重要的方法论，为文本的具体分析提供了坚实的理论基础。考据学，作为一门通过严格的历史文献考证与精细的文本校勘来追求历史事实真相的学问，具备了严谨性和科学性，其核心在于通过对文献资料的细致梳理与鉴别，揭示文本的源流、演变及其背后的历史语境。通过这一理论的运用，本研究能够更加准确地理解和解读中国科技类典籍的原始面貌及其在不同历史时期的诠释与再现。考据学不仅帮助研究者从历史文献中挖掘出真实的历史信息，还为文本的译介与诠释提供了可靠的参考依据。通过对原始文献的考证和比较，研究者能够识别出译本与原文之间的细微差异，并分析这些差异的产生原因以及对文本理解的影响。在跨文化的译介过程中，考据学理论为研究者提供了一个有效的工具，使其能够在译本分析中保持学术严谨性，避免因文化误读或翻译失误而导致的文本歧义。

此外，考据学理论在本研究中不仅用于文本的校勘与释义，还为探索科技典籍在不同文化背景下的译介与传播提供了历史依据。通过对译本和相关史料的细致考证，研究者能够追溯科技典籍在不同语言文化中的译介历程，揭示出其在不同时期、不同地区的传播轨迹及其对文化交流的影响。这种基于考据学的分析方法，使得研究不仅停留在理论探讨的层面上，更能够以扎实的史实为基础，为科技典籍的跨文化传播研究提供了可信的实证支持。

本研究将描述性翻译学理论应用于译本的分析过程中，具体包括对译文和原文之间的句义对比，以及对不同译者所表达观点的诠释与解读。在进行科技典籍译本的个案研究时，本研究借鉴了当代西方翻译研究中的描述性翻译研究方法论，旨在通过对不同译者及其译本的深入对比分析，揭示译者在翻译过程中所作出的选择与策略，并探讨这些选择背后的文化动因。

通过描述性翻译研究理论，本研究对科技典籍的译介史料和文本进行了系统性、客观性的描写和深入研究。与此同时，研究结合了中国传统文化典籍，对部分核心翻译研究概念进行探讨，以期为这一领域的研究提供新的视角和方法。通过这种多层次的分析和解读，本研究不仅深化了对科技典籍翻译现象的理解，也为未来的跨文化翻译研究奠定了理论基础。

本研究深入探讨科技文献典籍的译介如何在传播中国特色文化方面发挥了重要作用，尤其关注文本翻译过程中出现的文化过滤与变形现象。此外，研究还着重考察了翻译活动与文化、历史及汉学研究之间的重要联系，探讨这些译介活动在文化建构中所产生的深远影响。通过这些分析，本研究不仅揭示了科技文献典籍在跨文化传播中的独特价值，也探讨了其在塑造和传播中国传统文化中的关键角色，从而为翻译、诠释与传播理论的发展提供了新的视角和实践依据。

在具体的译本分析过程中，本研究重视运用比较研究法，从多个层面进行深入的对比分析。首先，在"文字层面"上，通过不同语言间的对比，分析原语与译文在词汇选择、句法结构等方面的差异；其次，在"文本层面"上，研究原文与多个译本在整体文本结构、内容表达、修辞手法等方面的异同，揭示译者在处理文本时所采用的策略和方法；最后，在"文化层面"上，通过跨文明的视角，探讨不同文化背景下的译者在理解与诠释原文时所产生的文化差异，分析这些差异对译本接受度和传播效果的影响（蓝红军 2019；2020）。

这种多维度的比较研究方法，不仅有助于揭示译本在不同层面上的异同，还能够通过量化统计与对比分析，为译文的解读与诠释提供更加精确的数据支持，从而使研究成果更具深度和广度。在这个过程中，语料库翻译学的应用为研究提供了大量的实证数据，使得翻译研究更加科学化和系统化，为进一步探讨科技典籍的翻译与跨文化传播提供了坚实的理论与方法基础。

本研究还将译介学理论与中华科技典籍的外译相结合，深入探讨典籍文本的英译及其传播过程中涉及的多个关键因素，旨在积极扩展译介学理论的研究范围和适用性。具体而言，针对科技文献典籍的译介，本研究基于梳理其译介的历史轨迹，力求准确把握科技文献典籍在中西文化交流史中的独特译介历史。

1.5 本书结构

整体上，本书分为 3 个部分，第 1 章绪言、第 2—6 章为正文，第 7 章结论，共 7 章。

第 1 章为"绪论"。该部分从研究背景、研究目的与意义、研究问题与方法、文献综述等板块对本研究进行了整体描述与研究设计。首先从国家层面的宏观视域、典籍译介研究的中观视角，以及科技典籍翻译的微观角度对本研究领域的进展情况进行分析和研判，指出本研究的研究目的，以及其所具有的重要理论和现实意义。紧接着，基于前期研究文献梳理和分析，提出本研究的研究问题，并明确研究方法。在次基础上，对中国古代科技类典籍的国内外文献进行系统性、历时性的爬梳，发现其中研究的薄弱之处，在前人研究的基础上，进一步明确了本研究的研究聚焦点。

第 2 章为"中国科技类典籍及其译介综述"。该章概述了中国科技类典籍及其译介的总体情况。首先，2.1 节探讨了中国科技类典籍的类别、价值与特征，具体包括这些典籍在古今社会中的价值、不同种类的典籍及其独特性，以及它们在语言与文字上的特殊性。接着，2.2 节深入分析了中国科技类典籍在海外的译介历程与其对国际汉学的影响，涵盖了中国科技类典籍的海外译介概况、英译过程中的阶段性特征，以及海外汉学家在这一过程中所发挥的作用。这一章旨在为读者提供中国科技类典籍及其国际传播的全面背景，从而为后续的详细研究奠定基础。

第 3 章为"典籍翻译与多维诠释的理论框架"。该章构建了典籍翻译与多维诠释的理论框架，从多角度探讨了相关理论基础。首先，3.1 节介绍了翻译研究的跨学科视角，强调了不同学科在翻译研究中的融合与协作。接着，3.2 节探讨了描述性翻译研究的方法论，分析了翻译现象的客观描述与解释。随后，3.3 节深入阐述了诠释学在典籍翻译中的应用，探讨了译者在理解与诠释文本时所发挥的主体作用；此外，本节整合了文化过滤与跨文化传播的理论模型，旨在揭示文化差异在典籍翻译与传播过程中的重要影响。通过这些理论探讨，本章为后续的具体翻译案例研究奠定了坚实的理论基础。

第 4 章为"兵学智慧与科技文明的跨时空对话"，这也是本书的重点研究章节。该章主要对《孙子兵法》《梦溪笔谈》中国经典科技典籍的翻译与诠释进行了深入的个案研究和对比分析。本章 4.1 节为《孙子兵法》的翻译与诠释，详细分析了《孙子兵法》的历代版本与文体特色，并探讨了其英译史以及在国内外的诠释过程，进一步考察了该书在海外的传播与影响，揭示了其作为军事经典在全球范围内的重要地位。接下来，4.2 节为《梦溪笔谈》的翻译与诠释，探讨了《梦溪笔谈》的内容与史料价值，梳理了其英译过程中的关键节点，并分析了国内外学者对该书的诠释方式及其在国际上的传播效果，展示了这部综合性科技笔记对中外科技交流的贡献。

第 5 章为"工艺科技典籍与地理考察文献的交叉互鉴"。5.1 节为《天工开物》的翻译与诠释，重点介绍了该书图文并茂的时代特色及其在英译过程中的挑战与策略，并探讨了《天工开物》在海外的传播情况及其对西方工业技术研究的影响。5.2 节为《徐霞客游记》的翻译与诠释，分析了该书的描写手法和副文本的使用，探讨了其英译史及在国内外的诠释情况，特别关注其在国际地理学和文化研究中的传播与影响。通过对典籍的个案研究，本章揭示了中国科技典籍在翻译与传播过程中的复杂性和多维度诠释的可能性。这些分析为理解中国科技典籍的全球传播和多维诠释提供丰富的理论和实践支持。

第 6 章为"中国科技典籍释译特征与译介对策"。该章深入分析了中国科技类典籍在译介过程中的各种特征，首先 6.1 节为科技典籍译本文本特征及释译比较，从语言角度出发，探讨了不同译本在语言表达上的特点。该节分析了译者如何在保留原文精髓的同时，适应目标语言的表达习惯，揭示了在语言转换中所面临的挑战与策略。通过对不同译本语言特征的比较，揭示了翻译过程中语言适应与文化再现的复杂性。

接着，6.2 节为科技典籍英译本诠释特点对比分析，对英译本诠释特点进行了深入研究，探讨了科技类典籍在翻译中如何保持其原有文体特征，同时兼顾目标语言的文体规范。文体的转换不仅涉及文本形式的再现，还关系到文化内涵的传递。通过对海外和国内译本的诠释特征进行对比分析，展示了文体适应在译介过程中如何影响读者对原典籍的理解与接受，有效定位目标读者，把握典籍翻译的文化主体性。

最后，6.3 节为译本"出海"诠释路径与译介策略，总结了科技译本"出海"诠释路径与译介策略。本章首先分析了文化语境差异对科技典籍在全球传播中的影响。通过对不同文化背景下的诠释策略的研究，本章揭示了多模态跨文化传播方式在译介中的作用，并为未来的典籍翻译与研究提出了启示，强调在全球化背景下进行多维度诠释和跨文化传播的重要性。在人工智能时代背景下，应"人机协同"进一步提升翻译质量，重视翻译伦理。这些分析为推动中国科技类典籍在全球范围内的进一步传播和深入理解提供了理论基础和实践参考。

第 7 章为"结论"。该章总结了全书的主要研究发现，围绕中国科技类典籍的译介展开多层次的讨论。7.1 节结合对《孙子兵法》、《梦溪笔谈》、《天工开物》、《徐霞客游记》的分析，归纳了中国科技类典籍在翻译与多维诠释中的关键发现。首先概述了各个典籍在语言、文体、诠释特征以及跨文化传播中的特点，突出了它们在全球学术界和文化交流中的重要地位。接着，7.2 节探讨了本研究的局限性，指出了在跨学科研究和跨文化翻译中的挑战，并提出了未来研究方向，包括对更广泛典籍的进一步分析，以及在全球化背景下加强中国科技文化传播的策略。本章通过对译介过程的全方位分析，提供系统的研究结论，为未来的研究工作奠定基础，为今后的跨文化翻译与诠释研究提供借鉴，同时也为深化中国科技典籍的国际影响力提出新的思路。

第 2 章 中国科技类典籍及其译介综述

本章全面概述了中国科技类典籍的种类、价值与特征，并系统梳理了这些典籍在海外的译介历程与其对国际汉学研究的影响。第 2.1 小节为"中国科技类典籍类别、价值与特征"。该节通过探讨中国科技类典籍的历史价值和文献特征，揭示这些经典著作在中国科技史中的重要地位，进一步分析它们在语言和文字上的独特性，以及这些特征在跨文化翻译过程中的表现。与此同时，第 2.2 小节为"中国科技类典籍海外译介与影响"。该节研究中国科技类典籍的海外译介情况，特别是它们在不同历史时期的英译特点和传播路径，并探讨海外汉学家在这一过程中所发挥的作用与影响。通过这一全景式的概览，本章为理解中国科技类典籍的国际传播与跨文化交流提供理论背景和实证支持。

2.1 中国科技类典籍类别、价值与特征

中国古代科技类典籍种类繁多，涵盖了天文、地理、农学、医学、兵器制造、冶金术、化学、建筑、水利工程等多个领域。这些典籍不仅记录了中国古代科技的成就，也反映了当时的社会经济发展水平和文化背景，相关的典籍种类、特色、价值以及语言特征等值得深入探究，这对加强中外科技对话，提示科技自信具有重要的积极意义。

2.1.1 科技类典籍的类别与特色

一、科技类典籍的主要类别

中国科技类典籍涵盖古代科技的各个方面，既是当时科学研究的记录，也是当代学者研究中国古代科技成就的重要文献资料，翻译与文化史紧密相关（王克非 1997）。古代科技典籍主要包括以下类别：

古代中国对天文学有着高度发展的研究，天文学典籍包括天文学历法和星占著作，如《夏小正》、《乾象历》、《周髀算经》、《石氏星经》、《乙巳占》、《汉书·天文志》、《晋书·天文志》等。这些典籍不仅详细记录了古代天文观测的方法和成果，也包括了对宇宙结构的理解和推测。

地理学是中国古代重要的学科之一，地理学典籍代表性著作有《尚书·禹贡》、《山海经》、《水经注》、《华阳国志》、《太康地志》等。这些典籍为后世提供了详尽的地理知识，影响深远。

中国古代农学著作丰富多样，农学典籍记录了古代农业的理论与实践，如《齐民要术》、《农政全书》、《农桑辑要》、《天工开物》中的农业部分等。这些典籍不仅是古代农业技术的结晶，也是当时社会生产的重要指导性文献。

中国传统医学经典如《黄帝内经》、《本草纲目》、《伤寒杂病论》、《千金方》、《脉经》等，医学典籍不仅对中国医学的发展有着巨大的贡献，也影响了东亚医学的发展。

中国古代的军事著作以《孙子兵法》、《尉缭子》、《吴子》、《六韬》、《司马法》、《黄石公三略》等为代表，这些军事典籍著作奠定了中国军事思想的基础，并在全球范围内产生了深远的影响。

工程与手工业典籍如《考工记》、《墨经》、《鲁班书》、《营造法式》、《天工开物》等，详细记录了中国古代在建筑、工艺、冶金等方面的技术成就。

水利工程典籍如《禹贡》、《史记河渠书》、《水经注》等，记录了中国古代水利工程的规划和实施，展示了当时水利技术的高超水平。

中国古代在化学和冶金方面的成就也不容忽视，化学与冶金典籍如《化学本草》、《齐民要术》中的化学部分、《天工开物》中关于冶金的部分等，这些著作记录了古代中国在材料处理和化学实验方面的知识和技术。

对中国科技典籍进行分类具有重要的学术和实践意义，这不仅有助于深入理解和研究这些典籍，还能够促进其在跨文化传播中的有效应用。在"大中华文库"版汉英对照系列图书中有 17 部科技类典籍。科技典籍分类具有如下重要意义。

（1）促进系统化研究。中国科技典籍涵盖了广泛的学科领域，包括天文学、地理学、农学、医学、军事学、工程技术等。通过对这些典籍进行分类，研究者能够更系统地整理和分析不同领域的知识。分类使得研究更加有条理，便于学者根据特定的学科方向进行深入研究。例如，将天文学典籍、地理学典籍、医学典籍等进行分别归类后，学者可以集中研究某一领域内的科技发展脉络（Taylor 1971），发现知识之间的关联性和学科内的进展。这种系统化的研究方式有助于提高研究的效率和质量，也为跨学科研究提供了基础。

（2）便于跨文化交流与翻译。中国科技典籍的分类也极大地方便了跨文化交流和翻译工作。不同类别的典籍在翻译时面临不同的挑战和要求。分类能够帮助译者根据典籍的特定领域选择合适的翻译策略和方法。例如，医学典籍需要译者具备丰富的医学背景知识，而军事典籍则需要理解军事战略和战术的文化内涵。通过分类，翻译工作可以更加专业化，确保译文能够准确传达原著的学术价值和文化意义，从而提高跨文化交流的质量和效果。

（3）提升典籍的利用价值。分类有助于提升中国科技典籍的利用价值，使其更好地服务于现代社会。不同类别的典籍在现代社会中有着不同的应用场景和需求。例如，农业典籍中的传统农业技术仍然可以为现代有机农业提供借鉴，而工程技术典籍中的建筑技术对现代建筑的保护与修复有重要参考价值。通过分类，研究者和应用者可以更方便地查找和利用相关典籍中的知识和技术，从而更好地发挥这些古代典籍的现实作用。

（4）推动学术资源的保护与传承。对中国科技典籍进行分类还有助于推动学术资源的保护与传承。分类整理后的典籍可以更容易被数字化和系统性保存，从而保护这些文化遗产免受时间的侵蚀。分类还可以帮助建立典籍数据库，使得这些重要的学术资源能够被更广泛地检索和利用。通过分类保存和传承，不仅有助于保护中国的文化遗产，还为未来的学术研究提供了丰富的资料来源。

（5）增强学术研究的比较与对话。分类有助于增强学术研究的比较与对话。不同类别的典籍在不同的文化背景下有着不同的传播和影响，通过分类，学者可以更清晰地进行比较研究。例如，可以对比不同文化对天文学典籍的接受和传播情况，分析其在全球范围内的影响力。分类还可以促进中外学者之间的学术对话，帮助他们更有针对性地讨论某一类别典籍的独特价值和全球意义。

（6）推动教育与普及工作。分类还有助于推动中国科技典籍的教育与普及工作。不同类别的典籍可以用于不同的教育领域和层次（王宏印 2003）。例如，农学典籍可以被纳入农业科学的课程体系，军事典籍可以用于军事理论和战略研究的教学。通过分类，不同类别的典籍可以更有针对性地被引入到教学中，帮助学生了解中国古代科技的多样性和丰富性，从而促进对中国科技文化的全面认识。

对中国科技典籍进行分类，不仅是为了更好地管理和利用这些珍贵的文化遗产，更是为了推动学术研究、跨文化交流、教育普及以及文化传承等多方面的工作。分类后的典籍不仅便于系统研究和专业翻译，还能更好地服务于现代社会，发挥其在学术、教育和文化传播中的多重价值。通过分类，可以更加有效地传承和弘扬中国古代科技的辉煌成就，让这些典籍在全球范围内持续发挥其独特的文化影响力。

二、科技类典籍的特色分析

中国科技类典籍的特色不仅体现在其内容的丰富性和深度上，也在形式、语言、文化内涵以及其独特的历史发展过程中展现出与众不同的特点。这些特色使得中国古代科技典籍在中外学术界具有独特的地位，并对后世产生了深远的影响。

首先，中国科技类典籍的内容广泛且具有高度的综合性。中国古代的科技典籍往往往并不局限于单一学科，而是涵盖了多个学科领域的知识，形成了一个多维度的知识体系。例如，《梦溪笔谈》不仅是一本科技百科全书式的著作，还记录了大量的天文、地理、物理、化学、工程等学科的知识，展示了北宋时期中国科技发展的全貌。这种综合性不仅提高了典籍的实用价值，也为后世提供了宝贵的多学科交叉研究的素材。

其次，中国科技类典籍的形式多样且图文并茂，具有极高的可读性和实用性。例如，《天工开物》不仅以文字详尽地描述了农业、手工业和采矿业等领域的工艺技术，还配有大量的插图，以直观的方式展示了各种工艺操作的细节。这种图文并茂的形式，使得技术知识更加易于理解和传播，也为现代研究者提供了重要的视觉资料和实证依据。插图在这些典籍中起到了重要的辅助作用，帮助读者更好地理解复杂的技术过程和科学原理。

再次，中国科技类典籍的语言精确而专业，具有高度的学术性和科学性。为了准确描述科学现象和技术过程，这些典籍常常使用简练而精准的术语和语言。例如，《孙子兵法》中的军事术语和《黄帝内经》中的医学术语，都是经过长期实践总结而来，具有高度的专业性。这种语言的精确性不仅保证了知识传递的准确性，也为后世的翻译和传播提供了可靠的文本基础。然而，这种高度专业化的语言也增加了翻译的难度，使得译者在进行跨文化翻译时必须深入理解原文的内涵，确保译文在保持专业性的同时能够被不同文化背景的读者所接受。

中国科技类典籍还体现出文化的独特性与普遍性。在这些典籍中，既有中国独特的文化背景和思想体系的体现，也蕴含着普遍的科学原理和人类智慧。例如，《徐霞客游记》不仅记录了中国独特的地理地貌和人文景观，还揭示了普遍适用的地质学规律。这种文化的独特性与普遍性，使得中国科技类典籍不仅具有地域性价值，还能够在全球范围内产生广泛的影响。它们为世界各地的学者提供了研究中国古代科技及其与世界科技史相互关系的宝贵资料，也为跨文化交流和理解提供了重要的基础。

此外，中国科技类典籍的历史传承与创新性也是其重要特色之一。这些典籍不仅记录了古代中国在各个科技领域的成就，还展示了中国科技发展的历史脉络及其在不同历史时期的创新与演变。例如，《天工开物》在继承前代技术经验的基础上，结合明代社会的实际需求，进行了多方面的技术创新，形成了当时独特的工艺技术体系。这种历史传承与创新性的结合，不仅展示了中国古代科技的持续发展能力，也为后世提供了借鉴和启示。

总之，中国科技类典籍的特色体现在其内容的综合性、形式的多样性、语言的精确性、文化的独特性以及历史传承与创新性上。这些特色不仅使得中国古代科技典籍在历史上占据重要地位，也使得它们在今天的跨文化研究和全球学术交流中继续发挥着重要作用。这些典籍不仅是中国古代科技成就的结晶，也是人类文明史上的宝贵遗产。通过对这些典籍的深入研究，不仅可以更好地理解中国古代科技的发展历程，还可以在全球视野下重新审视和传播中华文明的独特价值。

2.1.2 科技类典籍的历史与现代价值

中国科技类典籍不仅在古代具有重要的实用价值和学术价值，而且在今天的研究中仍然具有极大的参考意义和文化价值。作为本书主要研究对象的中国古代科技典籍《孙子兵法》、《梦溪笔谈》、《天工开物》、《徐霞客游记》不仅是中国文化的重要组成部分，而且在历史、学术、文化、国际影响力等多个层面上具有深远的价值和影响力。

1. 在历史价值方面，这些典籍记录了中国古代科学技术的发展历程，是研究中国古代社会、经济、文化和技术发展的重要史料。例如，《孙子兵法》被认为是世界上最早的军事理论著作之一，成书于春秋战国时期。它总结了古代中国的军事思想和作战经验，为中国古代军事理论的发展奠定了基础。其战略思想在历代军事实践中被广泛应用，对后世军事家如诸葛亮、岳飞等产生了重要影响。《梦溪笔谈》是北宋时期科学家沈括撰写的百科全书式的著作，涵盖了天文、地理、物理、化学、冶金、医药、农学等多个领域。作为中国古代科技成就的全面总结，它记录了当时中国在科学技术上的重要发现与成就，如火箭技术的最早记载。《天工开物》作为中国古代的科技百科全书，记录了明代农业、手工业、采矿等多个领域的技术成就，为后人了解中国古代的生产方式和社会经济状况提供了宝贵的资料。书中展示的技术成就，反映了明代中国在多个领域的生产力水平。《徐霞客游记》是明代旅行家徐霞客撰写的地理学著作，详细记录了作者在中国各地的旅行见闻和地理考察。它是中国古代地理学和旅行文学的经典之作，首次系统地描述了中国多地的地貌特征、水文地质及矿产资源，是了解明代中国自然环境的重要文献。

2. 在学术价值方面，中国科技类典籍蕴含着丰富的科学知识和理论，对今天的科学研究具有重要的参考价值。许多古代的科学发现和技术发明，早于西方同类成果的问世，对世界科学史的研究具有重要意义。例如，《黄帝内经》不仅是中国医学的经典著作，也为现代医学的研究提供了许多启示。《孙子兵法》不仅是军事学的经典著作，也是战略学、管理学和心理学的基础文献。书中提出的"知己知彼"、"不战而屈人之兵"等战略思想，被后世广泛研究和引用。其对战争规律、兵法原则的系统阐述，为学术界提供了重要的研究素材，成为军事学和管理学研究的重要依据。《梦溪笔谈》在科学史上占据重要地位，被誉为"东方的百科全书"。书中提出的许多科学见解，如磁针指南、光的直线传播、地质构造等，对后来的科学研究产生了重要影响。它不仅是中国科学史的宝贵资料，也是世界科学史的重要参考文献，为中外学者研究古代科技提供了丰富的素材。《天工开物》对中国古代工艺技术的发展具有极高的学术价值。书中详细描述了农产品加工、纺织、冶金、化工等多种工艺的生产过程，为后来的工艺学研究提供了宝贵的资料。它不仅是中国工艺技术史的代表作，也是世界技术史的重要参考文献。《徐霞客游记》在地理学、地质学和旅行文学领域具有重要的学术价值。它以详尽的观察和记录为基础，提供了丰富的地理和地质信息，为中国古代地理学的发展作出了重要贡献。书中对喀斯特地貌的描绘尤为精确，被后世地理学者广泛引用和研究。

3. 在文化价值方面，这些典籍是中国古代文化的重要组成部分，反映了中国古代人民的智慧和创造力，也是中华民族优秀传统文化的重要载体（李正栓,王心 2019）。例如，《孙子兵法》不仅是军事学的经典著作，还被视为一部哲学和管理学的经典，对世界各国的军事战略、管理学和心理学等领域产生了深远影响。它不仅体现了中国古代对战争与和平的深刻理解，还表达了"和为贵"的思想，影响了中国文化中的战争观与和平观。书中关于策略、权变的论述，也影响了中国人的处世哲学和智慧思维方式。《梦溪笔谈》不仅是科技文献，也是文化的载体，反映了北宋时期的社会文化、思想观念和学术风气。书中体现的科学精神、实事求是的态度，以及对自然现象的理性思考，展示了中国古代知识分子的文化追求和科学态度。它代表了中国古代文化中的科学理性精神。《天工开物》不仅是科技典籍，更是文化遗产，展示了中国古代劳动人民的智慧和创造力。书中的技术描述不仅反映了当时的生产方式，也传递了中国古代工匠精神和技术创新的文化价值。它记录了中国传统手工艺的精髓，体现了中国古代文化中的实用主义和工艺美学。《徐霞客游记》不仅是科学著作，也是文学佳作，展现了中国古代文人对自然的热爱与探索精神。徐霞客以其无畏的探险精神和细致的记录，为中国文化增添了一笔宝贵的遗产。书中的自然描写充满诗意，反映了中国古代人文主义精神和对自然的敬畏之情。

在国际影响力方面，许多中国科技类典籍在古代已经传入邻近和海外国家，并对这些国家的科技发展产生了重要影响。今天，这些典籍的英译和其他外译版本，推动了中国古代科技知识在全球范围内的传播，提升了中国文化的国际影响力。例如，英国科技史家李约瑟主编的《中国科学技术史》将中国古代科技成就介绍给了世界，为西方世界了解中国古代科技提供了一个系统的视角。

具体而言，《孙子兵法》是中国最早传入西方的军事著作之一，对西方的军事理论和战略思想产生了深远影响。自 18 世纪被翻译成多种语言后，它成为全球军事学和管理学领域的重要参考文献，在国际军校、商学院中被广泛研究和应用。其战略思想也在现代商业竞争、外交谈判等领域得到了广泛应用。《梦溪笔谈》曾传入日本和欧洲，对西方的科学发展产生了重要影响。沈括《梦溪笔谈》对磁针和指南针的描述为航海技术的进步提供了启发，这比"国外最早的有关磁学的科学论著要早五百多年"（杨渭生 1978：149）。20世纪，随着李约瑟对中国科技史的研究，《梦溪笔谈》再次受到国际学术界的广泛关注，被译为多种语言，成为研究中国古代科技成就的重要文献。《天工开物》传入欧洲，对欧洲工业革命前的技术研究、农业生产起到了启示作用。它的英译本在西方学术界产生了广泛影响，被认为是研究中国古代工艺技术的权威著作。书中的技术知识不仅为西方学者了解中国工艺提供了窗口，也在一定程度上影响了西方的技术发展和工艺改进。《徐霞客游记》在被翻译成多种语言，成为国际地理学界关注的经典之作。其对中国地理和地质的详尽描述，为西方学者了解中国自然环境提供了第一手资料。随着地理学和地质学的发展，书中的许多观察和结论被进一步验证，证明了其科学价值和国际影响力。

综上可见，《孙子兵法》、《天工开物》、《梦溪笔谈》和《徐霞客游记》这四部中国古代科技典籍在各自的领域都具有不可估量的价值，不仅为中国的科技和文化发展作出了巨大贡献，也通过翻译和传播，深刻影响了世界其他地区的学术研究和文化交流。它们的历史价值、学术价值、文化价值和国际影响力共同构成了中国古代科技成就的重要部分，展示了中华文明的智慧与创新力。

2.1.3 科技类典籍的语言与文化特征

整体上而言，中国科技类典籍在内容、形式、语言和文化等方面都具有独特的特征，这些特征不仅反映了古代中国科技发展的特点，也展示了中国古代学术文化的独特性，本节从以下多个方面进行分点论述。

（1）在典籍内容的综合性与实践性方面，中国古代科技类典籍往往具有综合性，涵盖多个领域的知识。例如，《梦溪笔谈》不仅涉及天文、地理、物理、化学、工程等多个学科，还包含了大量的实践经验和实验记录。这种内容上的综合性与实践性，使得这些典籍具有极高的学术价值和实用价值（沈括 2015，2016）。

（2）在典籍形式的多样性方面，中国古代科技类典籍形式多样，既有纯文字的著作，也有图文并茂的典籍。例如，《天工开物》不仅以文字记录了各种工艺技术，还配有大量插图，直观地展示了技术细节。这种图文并茂的形式，不仅增强了典籍的可读性和实用性，也为现代研究提供了丰富的视觉资料。

（3）在语言的精确性与专业性方面，科技类典籍的语言具有精确性和专业性，通常采用简练而准确的语言来描述复杂的科学现象和技术过程。例如，军事术语、医学术语、工程术语等都是经过长期实践总结而来的，具有高度的专业性和精准性。

（4）在文化的独特性与普遍性方面，中国古代科技类典籍不仅反映了中国独特的文化背景，还蕴含着普遍的科学原理和人类智慧。例如，《徐霞客游记》不仅记录了中国的地理地貌，还揭示了普遍的地质学规律，具有跨文化的普遍意义。这种文化的独特性与普遍性，使得这些典籍在全球范围内具有广泛的影响力。

（5）在历史传承与创新性方面，中国科技类典籍不仅记录了历史上的科技成就，还在不断的传承与创新中形成了系统的知识体系。例如，《天工开物》不仅继承了前代的技术经验，还在其基础上进行了创新，形成了明代独特的工艺技术体系。这种历史传承与创新性的结合，是中国科技类典籍的重要特征之一。

此外，针对本书主要研究对象，对《孙子兵法》、《天工开物》、《梦溪笔谈》和《徐霞客游记》这些典籍的语言和文字方面特征进行进一步分析，有助于为后文的翻译研究及译文批评奠定基础。

作为中国古代四部重要的科技典籍，它们在语言和文字方面各自展现了独特的特征。这些特征不仅反映了古代汉语的语言结构和表达方式，也展现了古代文人和学者在传达科技知识和思想时所采用的不同策略和技巧。通过对这些典籍的语言和文字特征的分析，我们可以更深入地理解其内容的表达方式以及它们在文化传播和学术研究中的重要性。

1. 《孙子兵法》的语言与文字特征

《孙子兵法》作为一部军事理论著作，其语言风格以简洁精炼、言简意赅著称。全书 13 篇，约 6000 字，每一篇的篇幅都不长，但却高度概括了战争的策略、战术、心理、地理等多方面内容（孙武 2012；2022）。例如，书中"知己知彼，百战不殆"的名句，不仅表达了战争中了解敌我双方的重要性，更成为了流传千古的战略原则。这种高度概括的语言特点，使《孙子兵法》具有了极强的理论性和可操作性，易于记忆和应用。

《孙子兵法》在表达军事策略时，往往采用简练的句子，包含深刻的哲理。例如，"兵者，诡道也"，以简单的五字短句，点出了兵法的核心思想之一——战略的灵活性与不可预测性。书中大量类似的句子，使得《孙子兵法》不仅是军事指导的经典，也是蕴含哲理的文化作品。这种语言风格的独特之处在于，它能在极少的文字中传达出丰富的思想内涵，既符合军事理论的要求，又具备广泛的适用性。

《孙子兵法》的文字排布具有很强的对仗性和韵律感，许多句子呈现出对仗工整的特点，这不仅增强了语言的美感，也提高了其传播性。例如，"故上兵伐谋，其次伐交，其次伐兵，其下攻城"，这一段文字不仅对仗工整，而且富有节奏感，便于传诵和记忆。这样的语言风格，使《孙子兵法》在军事理论之外，还具备了文学作品的特质。

可见，《孙子兵法》语言与文字特征主要可概括为简洁精炼，具有高度概括性，寓理于简，富有哲理性，对仗工整，富有韵律感。

2. 《天工开物》的语言与文字特征

《天工开物》作为一部技术性极强的工艺百科全书，宋应星在撰写时采用了通俗易懂的语言，以确保读者能够理解并应用书中的技术知识。书中描述各类工艺操作的语言非常直接、清晰，没有过多的修辞或繁琐的表达。例如，描述冶铁过程时，宋应星详细说明了每一个步骤，并采用大量的白描手法，力求使技术工匠能够按图索骥进行实际操作（宋应星 2021）。这种语言的实用性和清晰性，使《天工开物》成为了明代及以后时期的重要技术指导书。

《天工开物》涉及到众多领域的专业术语，语言上展现出丰富的词汇性和技术细节的精确性。例如，书中详细介绍了冶炼、纺织、造船等多种工艺的过程，这些过程中的技术术语和操作步骤被精确描述，体现出宋应星对技术细节的高度关注。这些术语的使用不仅增强了书籍的专业性，也为后世技术研究和术语标准化提供了宝贵的参考。

《天工开物》不仅以文字描述技术操作，还配有大量插图，这些插图与文字相互补充，使得技术操作的描述更加直观和易于理解。文字的简练与图像的详细结合，使得复杂的技术操作能够被准确传达给读者。这种图文并茂的表达方式，是《天工开物》在语言表达上的一大特色，极大地提高了技术传播的效果。

整体而言，《天工开物》通俗易懂，实用性强，术语丰富，细致入微，图文结合，语言与视觉形成互补。

3. 《梦溪笔谈》的语言与文字特征

《梦溪笔谈》作为一部综合性笔记体著作，既有科学的严谨性，又兼具文学的优美性。沈括在描述自然现象和科学实验时，常使用生动而具象的语言，使得原本枯燥的科学内容变得富有趣味（沈括 2015）。例如，在描述磁针指南的现象时，沈括不仅详细解释了其原理，还用简洁优美的语言将其现象描述得生动形象。这样的文字风格，使《梦溪笔谈》在科学之外，亦成为了一部具有文学价值的作品。

《梦溪笔谈》篇幅虽短，但信息量大，沈括通过简洁的语言表达了大量的科学知识和技术细节。例如，书中关于光的直线传播、月亮盈亏等自然现象的描述，虽语言简练，但包含了丰富的科学信息。这种高信息密度的语言特征，使《梦溪笔谈》在科技文献中独具一格，成为后世研究中国古代科技史的重要参考文献。

尽管《梦溪笔谈》内容包罗万象，涉及多领域的科技知识，但其文字表述却极为有条理。沈括在书中通过分条列述的方式，将各类科学现象和技术操作分门别类地呈现给读者，语言表达清晰明了。例如，他对水力磨坊的描述，既有原理分析，又有具体操作说明，条理分明。这种逻辑清晰的文字表达，使得《梦溪笔谈》不仅是一部科学记录，也是一部具有高可读性的知识汇编。

综上可得，《梦溪笔谈》兼具科学性与文学性，其语言简练，信息密度高，杂而不乱，条理分明。

4. 《徐霞客游记》的语言与文字特征

《徐霞客游记》的语言具有极强的描绘性和现场感，徐霞客在书中通过细致的文字描写，将他所经历的地理景观、生物特征、地质现象等生动地呈现在读者面前（徐霞客 2014）。例如，他在描述黄山的地貌时，采用了大量生动的修辞和具体的地理术语，使得读者仿佛置身其中，具有细致入微的语言特点。

尽管《徐霞客游记》记录了大量的科学内容，但其语言风格却质朴流畅，徐霞客以平实的文字和简练的表达方式，记录了他在旅途中的所见所闻。这种质朴的语言风格，使得书中内容易于理解和接受，同时也增加了文字的亲和力和可读性。

《徐霞客游记》的语言中带有浓厚的个人色彩，徐霞客不仅记录了他对自然景观的观察，还通过文字表达了他的个人感受和情感。例如，他在游历险峻山川时，常常流露出对自然的敬畏和热爱。这种个人视角和情感表达，使得《徐霞客游记》不仅是科学考察的记录，更是一部富有个性化表达的旅行文学作品。可以说，《徐霞客游记》语言质朴，文风流畅，用语细致生动，善于场景描绘，个人视角凸显，具有个性化的情感表达。

综上所述，中国科技类典籍作为中华文明的重要组成部分，涵盖了广泛的学科领域，具有深远的历史、学术和文化价值。它们不仅展示了古代中国在科技领域的卓越成就，还为当今的科学研究和文化传播提供了重要的参考和借鉴。这些典籍独特的内容、形式、语言和文化特征，使它们在中外科技史研究中占据了重要地位，并通过不断的译介和传播（Xie 2017），提升了中国文化的全球影响力。通过对《孙子兵法》、《天工开物》、《梦溪笔谈》和《徐霞客游记》的语言和文字特征的分析，我们可以看到中国古代科技典籍在语言表达上的多样性和复杂性。这些典籍的语言特征不仅反映了作者的学术背景和思想方式，也展现了他们在传达知识和思想时所采用的不同策略。简洁精炼与哲理性、通俗易懂与实用性、科学性与文学性、细致生动与个人视角，这些语言和文字的特征共同构成了中国古代科技典籍的独特魅力，也为其在后世的传播和影响奠定了基础，这也是典籍翻译过程中在处理源语言与目标语时必须考虑的重要翻译因素。

2.2 中国科技类典籍海外译介与影响

2.2.1 典籍种类与海外译介概况

中国古代科技典籍的海外译介历史悠久，覆盖了多个学科领域，包括军事学、医学、农业、工程技术、地理学、天文学等。这些典籍通过不同渠道传入海外，并在不同时期以不同形式影响了西方世界的科学技术和文化认知（Mote & Twitchett 2008）。以下将按照典籍的种类，对其海外译介概况进行详细论述。

1. 军事学典籍

《孙子兵法》是中国古代军事学的经典著作，其在西方的译介历史已有两百年以上。早期的译本由法国传教士钱德明（Jean Joseph Marie Amiot）翻译为法语（1772），标志着《孙子兵法》开始进入西方军事学的视野。1860 年，该书俄文版译文面世。此后，《孙子兵法》被广泛翻译成多种语言，并逐渐成为西方军事学、战略学和管理学的重要参考文献。当代汉学家闵福德也对《孙子兵法》进行了英译，耗时三年后于 2002年出版，该译本收录于"企鹅经典"系列丛书，该译本包含两个部分，其一为英译文，其二为注释，读者既可品鉴中文典籍的原貌，也可深入了解背后的哲学思考与兵法策略

（郑建宁，殷企平 2023）。其影响不仅限于军事领域，还扩展到商业管理、心理学等多个学科，显示出其在全球化背景下的广泛应用性和跨文化传播的成功。

2. 医学典籍

中国古代医学典籍如《本草纲目》和《黄帝内经》对西方医学的发展产生了深远影响，对其研究涉及传教士汉学阶段（张西平 2005；朱越利 2013；赵长江 2017）。早期，耶稣会传教士将《本草纲目》的一部分内容带回欧洲，并进行翻译，虽然最初的翻译工作仅限于部分章节和条目，但这已经足以激发西方学者对中国传统医药的兴趣。19 世纪，随着东方学的兴起，西方学者开始系统研究和翻译中国的医学典籍。《黄帝内经》先后被翻译成多个版本的英文，并在西方医学界引起了广泛讨论，推动了对中医理论和实践的理解与应用。这些典籍的译介不仅丰富了西方医学知识体系，还促进了中西医学的交流与融合。

3. 农学典籍

中国古代农学典籍如《齐民要术》和《农政全书》也在西方产生了重要影响。《齐民要术》是中国现存最早、最系统的农业百科全书，部分内容被翻译并引入欧洲，成为研究中国传统农业技术的重要参考资料。这些译本帮助西方农业学者了解中国的农作物种植、畜牧养殖以及农产品加工技术，对欧洲的农业发展起到了启发作用。同样，《农政全书》的译介也推动了西方对中国古代农业政策和技术的研究，并在一定程度上影响了当时西方农业制度的改革。

4. 工程技术典籍

《天工开物》作为明代的工艺百科全书，是中国古代工程技术的集大成者。该书被引入欧洲，并由西方学者进行翻译出版。由于其内容涵盖了农业、手工业、矿业等多个技术领域，详细描述了当时中国的生产技术和工艺流程，西方工业革命时期的学者对其内容表示极大兴趣，认为《天工开物》中的技术知识可以为西方工业技术的改进提供有益的参考。该书的译介不仅提升了西方对中国技术成就的认知，也为东西方技术交流开辟了新的渠道。

5. 地理与旅行文学典籍

《徐霞客游记》是中国古代地理学和旅行文学的代表作。西方地理学界对该书表现出浓厚的兴趣，因为它详细记录了中国多地的地貌特征、地质现象以及文化风俗。徐霞客通过个人旅行考察积累的丰富资料，为西方学者提供了第一手的中国地理信息。20世纪初，徐霞客游记被翻译成英文，成为西方了解中国地理和自然环境的重要文献，对西方的地理学和地质学研究产生了积极影响。

6. 天文学与历法典籍

中国古代天文学典籍如《周髀算经》、《四象》等在西方的译介历史同样可以追溯到早期的传教士时代。这些典籍记录了中国古代对天体运行规律的研究成果，尤其是在历法编制和天文观测方面的技术成就。部分天文学典籍被翻译成拉丁文和法文，引起了欧洲学术界的关注。西方学者通过这些译本了解了中国古代的天文学知识，并将其与西方的天文学理论进行比较，从而促进了东西方天文学思想的交流与融合。

7. 科技史典籍

20世纪中期，《中国科学技术史》系列英文图书由英国学者李约瑟主编，是中国科技类典籍系统化译介和研究的一个重要里程碑。该书以丰富的史料和详细的分析，全面介绍了中国古代的科技成就，并系统梳理了中国科技典籍的内容和影响力。李约瑟的研究不仅将中国古代科技史带入了西方主流学术视野，还推动了全球对中国科技典籍的进一步研究和翻译工作。

总体而言，中国古代科技典籍的海外译介呈现出多元化和系统化的特点，涵盖了军事、医学、农学、工程技术、地理学、天文学等多个领域。这些典籍的译介不仅丰富了西方的知识体系，也推动了东西方科学技术的交流与合作。随着全球化的深入，这些典籍在海外的研究和传播将继续深化，为世界各国提供更为全面的中国古代科技智慧和文化遗产。未来，随着新技术的应用和跨文化研究的深入，中国古代科技典籍的译介工作将迎来新的发展机遇，进一步提升其在全球知识体系中的地位。

2.2.2 科技类典籍英译阶段性特征

中国科技类典籍的英译历史悠久且复杂，呈现出鲜明的阶段性特征。这些阶段性特征不仅反映了中国科技文化在不同历史时期的全球传播情况，也揭示了西方社会对中国科技知识的认识与接受程度。以下是中国科技类典籍英译的主要阶段性特征，涵盖了多个重要的典籍，其中包括《孙子兵法》《梦溪笔谈》《天工开物》、《徐霞客游记》等。

1. 早期接触与零星翻译阶段（16-18 世纪）

在 16 世纪末至 18 世纪期间，中国科技类典籍的英译工作主要由传教士和探险家推动。这一阶段的翻译活动零星而非系统，主要目的是满足西方对东方奇异文化的好奇心。

虽然这些译本并非完整，但它们为西方的植物学和医药学研究提供了重要的参考。传教士们在早期将《孙子兵法》介绍给欧洲，零散翻译了部分章节。这些译本在欧洲军事理论的形成过程中起到了启发作用。《天工开物》也在这一时期通过传教士被介绍到西方，但同样只是部分内容被翻译，并未形成系统的译本。

2. 系统翻译与科学研究阶段（19 世纪）

19 世纪是中国科技类典籍英译的系统化阶段，得益于欧洲启蒙思想和科学革命的推动，西方社会对中国古代科学技术的兴趣大增，催生了一批系统的英译本。

《天工开物》作为明代工艺技术的集大成者，被多名译者翻译成英文，并引发了欧洲工业界的广泛关注。译者们不仅重视技术内容的准确性，还注重对原书图文并茂特点的保留，使西方读者得以更直观地了解中国古代工艺技术。沈括的《梦溪笔谈》在这一时期被译成英文，尤其是其中的科学发现部分，引起了西方学者的极大兴趣。书中的磁针指南、光的直线传播等内容，为西方科学技术史研究提供了新的视角。这一时期，《孙子兵法》被多次系统翻译，并在欧洲军事院校中作为教材使用，其军事思想逐渐被西方军事家所接受和运用。

3. 多学科视角与文化传播阶段（20 世纪初-20 世纪中期）

20 世纪初至中期，中国科技类典籍的英译进入了多学科视角与文化传播阶段。在这一阶段，译者不仅关注科学技术的传播，还开始从文化、哲学等多维视角来解读中国古代科技典籍。

《徐霞客游记》在被译介至西方后，尤其是地理学和地质学界对其高度关注。徐霞客的详尽地理描绘和科学观察使得该书成为西方研究中国地理和地质的重要文献。

20 世纪中期起，李约瑟等人系统编撰并出版了《中国科学技术史》系列，全面介绍了中国古代科学技术成就。该书不仅是对中国科技典籍的英译，也是对中国古代科技文化的全面诠释，极大地提升了中国科技史在全球学术界的地位。

4. 全球化与多元解读阶段（20 世纪末至今）

进入 20 世纪末，随着全球化进程的加快，中国科技类典籍的英译工作进入了多元解读和全球传播的阶段。在这一阶段，译者和学者们更加注重跨文化的理解与交流。

在这一时期，《孙子兵法》的影响力进一步扩展，被翻译成多种语言，并在全球范围内的军事、管理、心理学等领域中被广泛应用。译者们不仅关注军事战略的翻译，还探讨了《孙子兵法》在现代商业管理中的应用价值。现代译者对《梦溪笔谈》的翻译不仅停留在科学技术层面，还结合中国古代哲学与文化背景进行深入解读，试图从跨文化视角探讨该书的全球意义，英文全译本在英国出版（王宏 2011）。随着中国文化"走出去"战略的推进，《天工开物》的翻译与研究引起更广泛关注。

译者不仅着眼于技术层面的精确翻译，还结合当代科技史研究，从全球化视角重新审视其在世界科技史中的地位。这一阶段的《徐霞客游记》翻译工作不仅注重对原文科学观察的忠实再现，还将徐霞客的个人旅行经历和探险精神放置在全球探险史的背景下进行解读。李约瑟编撰的《中国科学技术史》继续在全球学术界产生深远影响，现代译者和学者不断通过新的视角和方法对其进行解读和再研究，进一步推动了中国科技典籍的国际化传播。

中国科技类典籍的英译过程展示了从零散的早期接触到系统化的科学翻译，再到多元化的跨文化传播的历史演变。每一个阶段都反映了中国科技知识在全球范围内的不同传播方式和影响路径，也展示了这些典籍如何在全球知识体系中占据一席之地。未来，中国科技类典籍的翻译和研究将继续在全球化背景下深化，为世界各国提供更多关于中国古代科学技术的宝贵智慧。

2.2.3 海外汉学家与科技类典籍研究

海外汉学家对中国科技类典籍的研究历史可以追溯到 16 世纪末期，当时欧洲传教士如耶稣会士开始接触中国文化，并将一些科技类典籍带回欧洲。这些传教士在将中国的科技知识介绍给西方的同时，也奠定了早期汉学研究的基础。17 世纪以后，随着东西方交流的加深，欧洲学者逐渐对中国的科技成就产生了浓厚兴趣，开始有系统地翻译和研究中国的科技典籍。19 世纪，汉学在欧洲成为一门独立的学科，学者们系统研究并翻译了大量中国科技典籍。

20 世纪中期，随着李约瑟主编的《中国科学技术史》的问世，西方学术界对中国科技史的研究达到了一个新的高峰。李约瑟系统地总结和梳理了中国古代的科技成就，向世界展示了中国在科学技术领域的巨大贡献。这一时期，汉学家对中国科技典籍的研究不仅停留在翻译层面，还开始从科学史、文化史等多角度深入分析。

总体而言，海外汉学家对中国科技类典籍的研究具有以下特点：

（1）跨学科研究。海外汉学家对中国科技类典籍的研究通常不仅限于汉学领域，还涉及历史学、科学史、语言学、文化研究等多个学科。李约瑟、席文等汉学家的研究就体现了这一特点，他不仅研究了中国科技典籍的内容，还探讨了其在世界科技史上的地位和影响。

（2）重视原典的翻译和注释。海外汉学家在研究中国科技类典籍时，通常会进行严谨的翻译和注释工作。这些译本不仅是单纯的语言转换，还往往包括对文本的详细注释和解释，以帮助西方读者理解中国古代科技的背景和意义。

（3）跨文化视角。海外汉学家通常以跨文化的视角研究中国科技典籍，他们不仅关注典籍本身的内容，还探讨这些内容在不同文化背景下的意义与接受情况。例如，汉学家们研究《孙子兵法》时，不仅分析其军事理论，还研究其在西方军事理论中的应用和影响。

（4）系统性和连续性。从早期的零散研究到现代的系统性研究，海外汉学家对中国科技类典籍的研究逐渐形成了连续性。这种连续性不仅体现在研究内容上，也体现在学术传承上，汉学研究从早期的传教士到现代的专业学者，逐步形成了一条系统化的研究脉络。

形成以上这些特点的原因体现在多个方面，主要包括：

（1）东西方文化交流的加强。随着全球化的推进和东西方文化交流的日益密切，西方学者对中国古代文化和科技的兴趣日益浓厚，这可以大致分为文学、史学、哲学、科学四个板块，在前期的海外汉学对古代中国的文史哲等社科领域的研究较为侧重，随后在当代逐步扩大到中国学研究范畴（张西平 2009，2011）。这种文化交流为汉学家的研究提供了丰富的材料和学术氛围。

（2）对中国古代科技成就的重新认识。包括美国学院派汉学家数量的不断增多，包括哈佛大学、斯坦福大学等机构成立东亚研究系或中国研究中心，再加上一些国际科技史研究协会和专业学术期刊的创建（如 *Isis* 等），美国的中国学研究逐渐成为世界范围内研究中国问题的极为重要的组成部分，在"二战"后成为"西方的中国研究中心"（王烟朦 2024：24）。此外，英国李约瑟研究所的成立，以及在李约瑟的《中国科学技术史》出版后，西方学术界对中国古代科技成就有了更深刻的认识，推动了汉学家对科技类典籍的深入研究。

（3）跨学科方法的普及。现代学术研究的跨学科趋势使得汉学家们在研究中国科技类典籍时，能够借助历史学、科学史、文化研究等多学科的方法，从而使研究更加全面和深入（Sivin 1995，2009）。

（4）原典的稀缺性与重要性。由于中国科技类典籍的内容复杂且在西方缺乏足够的原始文献，汉学家们在进行研究时必须高度重视原典的翻译和注释。这种对原典的依赖性推动了高质量的翻译和注释工作的开展（Temple 1986）。

汉学家对中国科技类典籍的研究在未来具有以下研究趋势：

（1）更加深入的跨学科研究。随着学术分工的日益精细化和跨学科研究方法的进一步普及，未来汉学家对中国科技类典籍的研究将更加深入和多元。可能会出现更多结合人工智能、数字人文等新兴技术的研究方法，对中国科技典籍进行全面的数字化和语料库分析。

（2）全球化视角下的重新审视。随着中国文化在全球影响力的不断增强，汉学家将更加关注中国科技类典籍在全球范围内的传播和接受问题。海外汉学家可能会从全球化的视角，探讨这些典籍如何在不同文化背景下被重新解读和应用。

（3）新资料的发现与利用。随着考古学的进展和更多古代文献的发现，未来汉学家可能会基于新的资料对现有的中国科技类典籍进行补充研究，或者发现新的未被重视的典籍，从而拓展汉学研究的领域。

（4）数字化和开放获取。随着数字化进程的推进，未来中国科技类典籍的研究将更加依赖于数字资源的开放获取。通过全球范围内的合作，汉学家们能够更方便地获取和分享研究资料，促进跨国界的学术交流。

总之，海外汉学家对中国科技类典籍的研究历史悠久，成就显著，具有鲜明的跨学科、重视原典、跨文化视角和系统性特点，详见表2-1。

表 2-1 海外汉学家对中国科技类典籍的研究分析

序号	特点	形成的原因	发展趋势
1	跨学科研究	东西方文化交流的加强	更加深入的跨学科研究
2	重视原典的翻译和注释	对中国古代科技成就的重新认识	全球化视角下的重新审视
3	跨文化视角	跨学科方法的普及	新资料的发现与利用
4	系统性和连续性	原典的稀缺性与重要性	数字化和开放获取

随着全球化进程的加快和科技手段的进步，未来的研究将更具深度和广度，为全球学术界对中国科技文化的理解和传播作出新的贡献。

2.3 本章小结

本章全面探讨了中国科技类典籍及其在海外的译介情况。本章首先界定了中国科技类典籍的范畴，指出其种类繁多，涵盖天文、地理、农学、医学、工程制造等多个领域，并深入分析了这些典籍的历史价值、文献特征及其在中国科技史上的重要地位，同时关注了它们在语言文字上的独特性以及这些特性在跨文化翻译中的表现。这些典籍具有独特的文献价值：一是作为科技史研究的一手资料，二是其语言与文本特征，如文言文的简练性、术语体系等，这为翻译研究提供了典型案例。

接着，本章系统梳理了这些典籍的海外译介历程及其对国际汉学研究的影响。从

16 世纪末欧洲传教士的初步接触，到 17 世纪欧洲学者系统性的翻译研究，再到 19 世纪汉学成为独立学科后对《孙子兵法》、《天工开物》等典籍的集中译介，本章揭示了不同历史时期海外译介的特点、传播路径以及汉学家在其中发挥的关键作用。

总而言之，本章通过全景式的概览，不仅展现了中国古代科技成就的丰富内涵，也为理解这些典籍的国际传播、跨文化交流及其对世界科技与文化认知的影响提供了坚实的理论背景和实证支持，强调了深入研究这些典籍对于加强中外科技对话和提升科技自信的积极意义。在此基础上，结合翻译学研究理论框架能对中国科技典籍进行更为系统和深入的探索。

第 3 章 典籍翻译与多维诠释的理论框架

本章为后续深入探讨典籍翻译实践奠定了坚实的理论基础。首先在 3.1 节引入了翻译研究的跨学科视角，强调了理解典籍翻译这一复杂现象需要融合语言学、文化学、社会学、历史学等多领域知识的重要性。接着，3.2 节聚焦于描述性翻译研究方法论，主张从翻译实际出发，客观分析典籍翻译过程中的各种制约因素与译者选择，而非预设标准。最后，3.3 节将诠释学引入视野，探讨其在理解典籍原意、处理文化差异以及在典籍跨文化传播中如何发挥关键作用，揭示了翻译不仅是语言转换，更是意义生成与阐释的动态过程。整体而言，本章构建了一个整合跨学科视野、描述性方法和诠释学智慧的综合性理论框架，为理解典籍翻译的多维性提供切实路径。

3.1 翻译研究的跨学科视角

翻译研究的跨学科视角指的是在翻译研究中，整合和应用多个学科的理论、方法和知识，以更全面和深入地理解翻译现象及其背后的文化、社会、历史等多重因素，这在典籍翻译研究中具有重要的意义。本小节对跨学科视角进行了概述，并对其在本研究中的应用进行了论述。

3.1.1 翻译研究的跨学科视角概述

翻译研究的跨学科视角超越了传统的语言学范畴，涉及文学、文化研究、社会学、历史学、哲学、心理学、信息科学等多个领域，从而形成了一个多维度、多层次的翻译研究框架。跨学科视角强调翻译不仅是语言的转换过程，更是文化、思想和知识的跨界交流。

翻译研究的跨学科视角并非一开始就成为主流，而是随着翻译研究学科的不断发展逐步形成的。20 世纪初，翻译研究主要集中在语言学领域，重点探讨翻译的等值性和忠实性问题。随着翻译学科的逐步独立，学者们开始意识到，单纯的语言学研究无法全面解释翻译现象。20 世纪 70 年代，翻译研究逐渐向跨学科方向发展，文化转向（Cultural Turn）成为这一趋势的标志性事件。此后，文化研究、文学研究、社会学、心理学等学科的理论和方法被引入翻译研究领域，跨学科视角逐渐成为翻译研究的重要方法论。

翻译研究的跨学科视角具有以下几个突出的特点（详见图 3-1）：首先，跨学科视角强调从多个维度（如文化、社会、历史、心理等）来研究翻译问题，使研究结果更为全面和深入，具有多维性。

其次，通过整合不同学科的理论和方法，将语言学、文化研究、社会学等学科的优势互补，形成了一个综合性的研究框架，体现出综合性。再次，跨学科视角下的翻译研究不仅关注文本的静态分析，还探讨翻译过程中各种因素的互动和变化，如译者的心理、社会环境的影响等，具备动态性。

最后，通过借鉴和融合多个学科的知识，跨学科视角为翻译研究提供了新的理论视角和研究方法，推动了翻译研究的理论创新和方法论更新，凸显创新性。

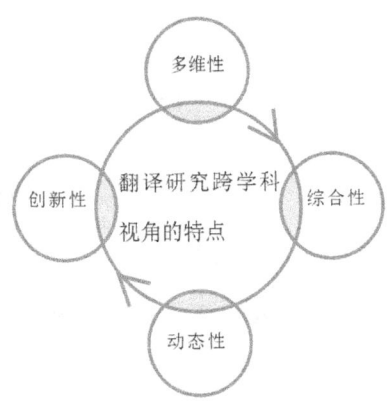

图 3-1 翻译研究跨学科视角的特点

翻译研究跨学科视角的形成有以下几个主要原因：首先是因为翻译现象的复杂性。

翻译不仅是语言的转换，还涉及文化、历史、社会等多重因素。单一学科的视角难以全面解释翻译现象的复杂性，这促使学者们借助其他学科的理论和方法。

其次是由于学术研究的交叉融合趋势。20世纪以来，随着学术分工的精细化和知识的迅速扩展，跨学科研究成为各学科发展的重要趋势。翻译研究自然也受到这一趋势的影响，逐步发展出跨学科的研究路径。再次是出于全球化与文化交流的需求。全球化进程加速了不同文化之间的交流与融合，翻译在这一过程中发挥着重要作用。为更好地理解和促进跨文化交流，翻译研究需要从更多维度来分析翻译现象，这也推动了跨学科视角的形成。

最后是基于翻译研究自身的发展需求。随着翻译研究学科的逐渐成熟，研究者们开始探索新的理论和方法，以深化对翻译现象的理解和解释。跨学科视角为翻译研究提供了新的可能性和研究路径。

跨学科视角在翻译研究中具有重要作用和价值，主要体现在以下几个方面：

1. 拓宽研究范围。跨学科视角使得翻译研究不再局限于语言学内部，而是拓展到文化、社会、历史等多个领域，从而拓宽了研究的范围和视野。

2. 深化研究内容。通过引入不同学科的理论和方法，跨学科视角能够对翻译现象进行更为深入的分析。例如，社会学理论可以帮助理解翻译活动中的权力关系，心理学方法可以探讨译者在翻译过程中的认知过程。

3. 推动理论创新。跨学科视角为翻译研究带来了新的理论和方法，这不仅丰富了翻译学的理论体系，也推动了翻译学科的发展。例如，文化研究中的后殖民理论和女性主义理论在翻译研究中的应用，开辟了新的研究领域。

4. 增强实际应用价值。跨学科视角使得翻译研究能够更好地回应实际问题，如跨文化交流、语言政策、翻译教育等，为解决现实中的翻译问题提供理论支持和实践指导。

尽管跨学科视角为翻译研究带来了诸多益处，但它也面临一些局限和挑战，包括：（1）学科边界模糊性突显。跨学科研究容易导致学科边界的模糊，这可能使得研究成果在学术评价中难以归类，也可能导致研究的焦点不够明确。（2）理论整合的难度增大。不同学科的理论和方法各有其独特性，如何将这些异质性的理论进行有效整合，是跨学科研究的一大挑战。这种整合的难度可能导致研究结果的矛盾或不一致。（3）在方法论的复杂性方面，跨学科视角下的翻译研究往往需要综合运用多种研究方法，这增加了研究的复杂性和操作难度。研究者需要具备多学科的知识背景和方法论素养，这对研究者提出了更高的要求。（4）在研究结果的可验证性方面，跨学科研究的多维性和综合性使得研究结果往往难以进行实验验证或实证检验，这在一定程度上影响了研究的科学性和严谨性。

翻译研究的跨学科视角为我们理解和研究翻译现象提供了一个更为全面和深刻的框架。它通过整合多学科的理论和方法，拓展了研究的视野，深化了研究的内容，并推动了翻译学科的理论创新和发展。它在翻译研究中的重要作用和价值不可忽视。未来的翻译研究需要继续在跨学科视角下探索新的研究路径，进一步提升翻译研究的科学性和应用性，并深化和拓展其与中国科技典籍翻译的应用研究。

3.1.2 跨学科视角在本研究的应用

翻译研究的跨学科视角在中国科技典籍的翻译研究中具有极大的应用潜力，因为这些典籍不仅是科学和技术的记录，更是深深嵌入了中国的文化、历史和社会背景之中。通过整合和应用多个学科的理论和方法，研究者可以更全面和深入地理解和翻译这些复杂的文本。例如，结合本书研究对象，可将翻译研究的跨学科视角应用于中国科技典籍翻译研究中。

1. 历史学与《天工开物》的翻译。《天工开物》是明代宋应星所著的一部工艺百科全书，详细描述了当时的农业、手工业和矿业技术。这部典籍不仅是一部技术手册，也反映了明代社会的经济结构和文化观念。通过结合历史学的视角，译者可以更好地理解这本书中涉及的技术在当时社会的实际应用情况。例如，了解明代的社会经济结构有助于译者理解和翻译书中提到的农业技术和手工业操作，尤其是这些技术如何影响当时的社会生产和生活方式。历史学的介入可以帮助译者在翻译中避免对古代技术的误解，同时更准确地传达这些技术的历史背景。

2. 文化人类学与《徐霞客游记》的翻译。《徐霞客游记》不仅记录了徐霞客的地理考察，还包含了丰富的民族风俗和地方文化的描写。通过结合文化人类学的视角，译者可以更好地理解和解释这些地方文化和风俗背后的意义。例如，徐霞客在游记中描述了一些少数民族的习俗和宗教信仰，这些内容对于现代读者来说可能难以理解。文化人类学的介入可以帮助译者通过背景研究，了解这些习俗和信仰在当地文化中的位置，从而在翻译中通过注释或解释，向读者传达更为准确和全面的文化信息。

3. 科学史与《梦溪笔谈》的翻译。《梦溪笔谈》由北宋科学家沈括撰写，涵盖了天文学、地理学、物理学等多个科学领域。由于其中很多科学概念和理论在现代科学中并没有直接对应的术语，科学史的视角在翻译中显得尤为重要。通过对中国古代科学史的研究，译者可以更好地理解沈括所记录的科学现象的背景和发展脉络。例如，沈括关于磁针指南的记载被认为是世界上最早的指南针描述之一。科学史研究可以帮助译者理解这一发现的重要性，并在翻译中准确传达这一技术在世界科学史上的地位。

4. 哲学与《孙子兵法》的翻译。《孙子兵法》不仅是一部军事战略著作，也深受中国古代哲学思想的影响，特别是道家和儒家的思想（卿希泰 1996；何立芳，陈霞 2014；华少庠 2015；俞森林 2015）。通过结合哲学的视角，译者可以更好地理解书中战略思想背后的哲学基础。例如，"不战而屈人之兵"是道家"无为而治"哲学观念的体现。哲学研究可以帮助译者在翻译时，准确传达这些思想背后的深层哲理，使西方读者不仅理解军事策略，还能领会到其中的哲学意蕴。

5. 社会学与《中国科学技术史》的翻译。李约瑟主编的《中国科学技术史》是一部全面介绍中国古代科技成就的著作，涵盖了天文学、物理学、工程学等多个领域。通过结合社会学的视角，译者可以探讨这些科技成就与中国社会结构之间的关系。例如，研究古代中国的社会分层和官僚体系，能够帮助译者理解为什么某些科技发明在当时社会中得以推广，而另一些则被抑制或忽视。社会学的研究有助于译者更全面地理解科技与社会之间的互动，从而在翻译中更好地传达这一复杂的社会背景。

此外，语言学与中国科技典籍翻译研究具有密不可分的关系。这些经典科技著作，包含了大量复杂的科学与技术方面的术语和专用名。通过结合语言学的视角，特别是语义学和词汇学的研究，译者可以更好地处理这些术语的翻译问题。例如，很多古代中国技术和中药的名称在西方语言中并没有直接的对应词，语言学的介入可以帮助译者通过词源学研究和语义分析，找到最合适的翻译方法，避免误导性的翻译或文化冲突。同时，语言学还可以帮助译者在处理文献中的多义词和专业术语时，选择最适当的翻译策略，以确保译文的准确性和可读性。

总之，跨学科视角为中国科技典籍的翻译研究提供了丰富的理论和方法支持。译者可以更全面和深入地理解这些典籍的复杂内涵，从而在翻译中更准确地传达其科学、文化和历史价值。这种跨学科的研究方法不仅提高了翻译的质量和准确性，也促进了中国科技典籍在全球范围内的传播和接受。

3.2 描述性翻译研究方法论

本章第 3.2 节聚焦"描述性翻译研究方法论"在中国科技典籍翻译研究中的应用。首先，在 3.2.1"描述性翻译研究概述"部分，章节简要梳理了描述性翻译研究的核心理念，即强调从翻译的实际产出出发，客观记录和分析翻译现象，关注翻译在特定社会文化语境中的运作规律，而非仅仅评判其优劣。随后，在 3.2.2"描述译学在本研究中的应用"部分，则具体阐述了如何将这一方法论引入中国科技典籍翻译的语境。该部分探讨了应用描述性方法来考察科技典籍翻译译本在目标文化中的接受与影响，从而为揭示隐藏在翻译行为背后的历史、文化和社会因素，以及理解中国科技典籍的跨文化传播提供更贴近历史真实的分析视角。

3.2.1 描述性翻译研究概述

描述性翻译研究（Descriptive Translation Studies, DTS）是翻译研究的一种方法论，强调对翻译现象进行客观描述和分析，而不是以规范或评价的角度审视翻译的质量。描述性翻译研究关注翻译活动的实际操作过程、结果及其在目标文化中的功能与作用。其核心主张是通过对大量翻译文本和翻译实践的观察和分析，揭示翻译过程中的规律和模式，而不是强加理论或规范来判断翻译的好坏。

描述性翻译研究方法论的形成与发展主要是在 20 世纪 70 年代，这一时期翻译研究逐渐从语言学的支配下独立出来，形成了一个独立的学科领域。在此之前，翻译研究多以规范性的方法为主，强调"忠实"和"等值"等翻译原则。然而，随着翻译学的发展，学者们逐渐认识到，翻译活动本身具有多样性和复杂性，无法简单地通过规范性的方法进行评判。这种认识促使描述性翻译研究方法论的兴起。

描述性翻译研究的代表性人物包括以色列学者伊塔马尔·埃文-佐哈尔（Itamar Even-Zohar）和比利时学者吉迪恩·图里（Gideon Toury）。

作为多元系统理论（Polysystem Theory）的提出者，埃文-佐哈尔（Itamar Even-Zohar）的理论为描述性翻译研究提供了理论基础。他认为，翻译活动应当被放置在一个更广泛的文学和文化系统中进行分析，翻译在目标文化中的地位和功能应当通过实际的文献研究进行揭示（Even-Zohar, 1990）。埃文-佐哈尔强调文学系统内部的多样性以及翻译在其中的地位，成为描述性翻译研究的重要理论基础。

作为描述性翻译研究的奠基人之一，图里（Gideon Toury）通过大量实证研究，提出了翻译规范的概念，并强调翻译研究应以客观描述为基础，揭示翻译行为的社会文化功能。他的著作《描述翻译学及其他》（Toury, 1995）被认为是描述性翻译研究的经典著作。这本书是描述性翻译研究的奠基性著作之一，图里在书中系统阐述了描述性翻译研究的基本理论和方法，并通过大量案例分析展示了如何在实践中应用这些方法。

由西奥·赫尔曼斯（Theo Hermans）编辑的论文集《操控文学:文学翻译研究》（*The Manipulation of Literature: Studies in Literary Translation*, 1985）汇集了多篇关于描述性翻译研究的论文，强调了翻译作为一种文学和文化操纵的工具，其内容多样且深刻。

兰伯特（Lambert）和范·戈普（van Gorp）合作发表在由西奥·赫尔曼斯编辑的论文集中的论文"翻译描述研究"（On Describing Translations，1985）详细讨论了如何描述和分析翻译文本，提出了一套系统的分析方法，对描述性翻译研究的操作性有重要贡献。

描述性翻译研究提出了以下几个重要观点和主张：首先是翻译规范概念。图里提出了"初级规范"和"次级规范"的概念，主张翻译过程中存在一定的社会文化规范，这些规范决定了翻译的策略和方法。这些规范可以通过对大量翻译文本的分析来揭示（Toury, 1995）。

其次，关于多元系统，埃文-佐哈尔提出的多元系统理论主张，翻译作品在目标文化中处于一个动态的系统中，其地位和功能随时间和文化环境的变化而变化。翻译作品的地位可以通过描述性研究来分析（Even-Zohar, 1990）。再次是客观描述。描述性翻译研究强调客观性，要求研究者通过实证研究对翻译现象进行描述，而不是对翻译进行主观评价。这一方法论主张在翻译研究中避免先入为主的规范性评价，更多地关注翻译文本的实际功能和效果。

尽管描述性翻译研究为翻译研究提供了新的视角，但它也受到了一些批评。有学者认为，描述性翻译研究过于强调客观描述，忽略了翻译研究的规范性作用。批评者认为，翻译研究不应仅仅停留在描述层面，还应探讨翻译的质量和效果，以指导翻译实践。此外，描述性翻译研究被批评为缺乏足够的理论深度。由于其主要关注对翻译现象的描述，研究结果往往缺乏理论解释和深度分析，难以对翻译过程中的复杂现象提供全面的解释。批评者还指出，描述性翻译研究倾向于忽视译者的主体性和创造性，只关注翻译文本的结果，而忽略了译者在翻译过程中的决策和策略选择。

描述性翻译研究方法论可能存在以下局限。首先，难以处理复杂翻译现象。描述性翻译研究主要依赖于实证分析，往往难以处理复杂的翻译现象，特别是那些涉及文化差异和意识形态的翻译问题。其次，缺乏操作性指导。尽管描述性翻译研究提供了对翻译现象的客观描述，但其缺乏具体的操作性指导，难以为实际的翻译活动提供有效的指导建议。此外，对文化背景的依赖。描述性翻译研究在进行跨文化比较时，往往过于依赖目标文化的背景信息，这可能导致研究结果的主观性和局限性，难以普遍适用。

总的来说，描述性翻译研究方法论在翻译研究中具有重要地位，它通过对翻译现象的客观描述，揭示了翻译活动中的规律和模式，为翻译研究提供了新的视角和方法。然而，它也面临着理论深度不足、忽视译者主体性等批评与局限。尽管如此，描述性翻译研究依然是理解翻译现象和推动翻译学科发展的重要途径之一，特别是在全球化和跨文化交流日益紧密的背景下，其在科技典籍翻译研究中的价值和作用不可忽视。

3.2.2 描述译学在本研究中的应用

描述性翻译研究主要关注对翻译现象的客观描述和分析，而不是通过预设的理论或规范来评判翻译的质量。这种方法论在中国科技典籍的翻译研究中具有重要的应用价值，因为这些典籍通常包含丰富的文化、历史和科学信息，涉及的翻译现象复杂多样。描述性翻译研究能够通过对具体翻译案例的系统分析，揭示翻译活动中的规律和模式，从而更好地理解和推进中国科技典籍的翻译工作。

1. 翻译策略的描述与分析

描述性翻译研究的一个重要应用是对翻译策略的描述与分析。在翻译中国科技典籍时，译者往往采用多种策略来应对文本中的文化差异和语言障碍。通过描述性研究，可以系统分析这些策略的选择过程及其背后的动因。

例如，在《孙子兵法》的翻译中，译者可能会采用归化策略，将中国军事哲学中的某些概念用目标文化中的类似概念进行替代，以便西方读者更容易理解。通过描述性翻译研究，研究者可以分析这些策略的效果以及它们如何影响译文在目标文化中的接受度。同时，研究还可以揭示不同译者在不同历史时期对同一文本所采用的不同翻译策略，从而为后续的翻译工作提供参考。

2. 翻译规范的考察

描述性翻译研究还可以通过考察翻译规范，揭示某一特定时期或文化背景下的翻译倾向。在中国科技典籍的翻译中，译者可能会受到多种翻译规范的影响，这些规范可能来自社会文化的期待、出版机构的要求，或是学术界的主流观点。

以《梦溪笔谈》为例，这部百科全书式的科技典籍在不同的翻译时期可能受到不同的翻译规范影响。例如，19世纪初的译者可能会倾向于逐字翻译，以展示原文的科学性和权威性；而现代译者则可能更注重读者的理解，采取更自由的翻译方式。描述性翻译研究可以通过对不同译本的规范性分析，揭示这些规范对翻译结果的影响，并探索如何在不同规范下平衡译文的准确性与可读性。

3. 翻译文本的功能分析

描述性翻译研究特别关注翻译文本在目标文化中的功能，即译文在目标语境中扮演的角色和实现的目的。在翻译中国科技典籍时，译文的功能可能不仅限于传递科学技术知识，还包括文化交流、学术研究和教育等多重功能。

《天工开物》的翻译就是一个典型的例子。作为明代的工艺百科全书，《天工开物》的译文在不同的文化语境中可能具有不同的功能。在早期，该书的英译本可能更多地被视为技术指导手册，帮助西方学者了解和借鉴中国的工艺技术。而在当代，这部书的译本可能被用作研究中国科技史和文化交流的学术资料。通过描述性翻译研究，可以分析这些译本在不同历史时期和文化背景中的功能变化，从而更好地理解译文在目标文化中的作用。

4. 译者角色的考察

描述性翻译研究还可以深入分析译者在翻译过程中的角色及其对翻译结果的影响。在中国科技典籍的翻译中，译者不仅是语言的转换者，更是文化的中介者和知识的传播者。通过描述性研究，可以探讨译者在翻译过程中如何处理文化差异、如何选择翻译策略以及如何影响目标读者对原文的理解。

例如，在《中国科学技术史》的翻译过程中，李约瑟及其团队不仅翻译了大量的中国科技文献，还对这些文献进行了深入的注释和解释，使得这些科技成就能够在西方学术界得到认可。描述性翻译研究可以通过分析李约瑟的翻译和注释过程，揭示译者如何通过自己的理解和解释，影响了译文在目标文化中的接受和传播。

5. 翻译文本的跨文化对比

描述性翻译研究还可以应用于跨文化对比，通过对比不同文化背景下的译本，揭示翻译文本在不同文化中的异同及其原因。例如，通过对比《徐霞客游记》在不同语言中的译本，可以分析这些译本在地理学、文学和文化表达上的差异。这种跨文化对比研究有助于理解不同文化背景下读者的期待和需求，从而为未来的翻译工作提供参考。

总之，描述性翻译研究在中国科技典籍翻译中的应用提供了一种客观而深入的方法，通过对翻译策略、翻译规范、译文功能、译者角色以及跨文化对比的系统分析，研究者可以揭示翻译活动中的规律和模式，为理解和指导中国科技典籍的翻译提供理论支持。结合《孙子兵法》《梦溪笔谈》《天工开物》《徐霞客游记》和《中国科学技术史》的具体案例，描述性翻译研究能够促进更好地理解这些经典著作在全球范围内的传播和影响。

3.3 诠释学与典籍翻译及传播

诠释学（Hermeneutics）作为理解与解释文本意义的理论，与典籍翻译及传播密切相关，尤其在处理中国古代科技类典籍时，二者的结合能够深化跨文化解读与知识传递。诠释学可为典籍翻译与传播提供理论工具，帮助破解语言障碍与文化隔阂，使古代科技智慧在当代全球语境中焕发新生。

3.3.1 诠释学内涵及其应用

诠释学是一门研究理解和解释文本、符号和意义的哲学学科。它关注的是人类如何理解语言、行为、历史和文化现象，特别是如何通过解释赋予这些现象以意义（Palmer 1969）。诠释学不仅应用于文学和圣经研究，还在法律、哲学、历史学、社会学等领域得到了广泛应用（Ricoeur 1976，1981）。其发展历主要可分为以下四个时期。

在古典时期，诠释学的起源可以追溯到古希腊时期，特别是亚里士多德的逻辑学和修辞学。他们探讨了语言和意义的关系，特别是在解释诗歌和文学作品时的意义。中世纪时期，诠释学主要应用于宗教文本的解释，特别是《圣经》的解读（Grondin 1994）。

在近代时期，18 世纪德国哲学家施莱尔马赫（Friedrich Schleiermacher，1768—1834）被认为是诠释学的奠基人之一。他在《圣经诠释学》和《一般诠释学纲要》（*Outline of General Hermeneutics*）提出了理解文本需要考虑作者的意图以及文本的历史背景，他强调通过"通感"来体验和重建作者的思想（Schleiermacher 1998）。

现代诠释学主要为 19 世纪末和 20 世纪初，狄尔泰（Wilhelm Dilthey）将诠释学扩展到人文科学的所有领域，著有《历史理性批判》（*The Critique of Historical Reason*）和《理解人文科学》（*The Formation of the Historical World in the Human Sciences*）。狄尔泰强调理解历史文本和文化现象，理解必须从其历史背景出发，理解者需要把自己置于文本的历史情境中。20 世纪中期，海德格尔（Martin Heidegger）的《存在与时间》（*Being and Time*, 1962）将诠释学从文本解释扩展到存在哲学，提出了"解释的存在论"，即理解是人类存在的基本方式之一。诠释学不仅仅是解释文本的工具，而是探讨人类存在本质的一种方法。理解世界是人类存在的一部分。

在当代时期，伽达默尔（Hans-Georg Gadamer，1900—2002）是当代诠释学的代表人物之一，他在《真理与方法》（*Truth and Method*）中提出了"视域融合"的概念，认为理解是不同历史视域之间的融合，它是不同历史和文化视域之间的互动过程。伽达默尔强调解释者的视域和文本的视域在互动中形成新的理解，理解不可能完全客观，而是受到解释者的历史背景和前见影响。

诠释学的特点包括（1）强调历史性和情境性。诠释学关注文本或现象的历史背景和文化情境，认为这些因素对理解至关重要。（2）动态理解过程。诠释学强调理解是一个动态的、开放的过程，解释者的理解随着时间和情境的变化而不断发展。（3）主观性与视域融合。理解不是完全客观的，受到解释者的视域和背景的影响，理解过程是不同视域的融合。（4）广泛应用性。诠释学不仅适用于文学和宗教文本，还可以应用于法律、哲学、历史、社会学等多种领域。

然而，诠释学也有一些局限，包括它强调理解的主观性，可能导致不同解释者对同一文本产生多种不同的解释，这种主观性可能导致理解的不确定性和多样性。其次，诠释学主要是定性的分析，难以通过量化的方法来验证理解的正确性和有效性，这在科学研究中可能受到限制。再次，诠释学强调理解是一个开放的过程，但这可能导致解释的无限性，难以得出最终的结论。最后，诠释学要求对历史、文化和哲学背景有深刻的理解，这对解释者的知识和能力提出了较高的要求，可能增加研究的复杂性和难度。

诠释学用于翻译研究具备相应的优势和劣势，包括（1）深层理解文本。诠释学强调对文本的深层次理解，关注文本背后的文化、历史、作者意图等多维度因素。这种方法有助于译者更好地把握原文的内涵，避免表面化的翻译。（2）动态的理解过程。诠释学认为理解是一个动态的过程，译者可以通过不断反思和再解释来逐步接近原文的意义。这种方法有助于译者在面对复杂或含义多样的文本时，能够更灵活地处理翻译中的难点。（3）文化融合。诠释学强调文化背景在理解文本中的重要性，这有助于在翻译过程中将原文的文化内涵融入到译文中，从而促进文化间的交流与融合。

此外，也需要注意一些局限性，包括（1）诠释学的强调理解的主观性，可能导致不同译者对同一文本有不同的解释，从而出现译文的多样性。这种主观性可能在某些情况下引发译文不一致或过度解释的问题。（2）深层次的诠释和理解需要大量的时间和精力，特别是在处理复杂的文本时，可能会延长翻译过程，影响效率。（3）由于诠释学的开放性和灵活性，很难为翻译设定统一的标准，这可能导致在学术界和实践中对翻译质量的评价出现分歧。

中国古代科技典籍蕴含着丰富的历史、文化和科学内涵，其翻译不仅涉及语言转换，还需要深刻理解原文中的概念和思想。诠释学的方法可以在以下几个方面与古代科技典籍翻译研究相结合：

1. 文化背景的诠释。诠释学可以帮助译者理解古代科技典籍中的文化背景。例如，《周易》涉及道家思想和古代天人合一的重要观念，翻译过程中必须理解其哲学背景和术语的含义（梁勇 2021）。通过诠释学的分析，译者可以更准确地传达出这些术语在原文中的意义，而不仅仅是字面翻译。例如，翻译"气"的概念时，不能简单地译为"energy"，而是要结合道家哲学和古代中医学的背景，考虑其在不同语境下的具体含义，或使用"*Qi*"并附加注释解释。

2. 术语的再诠释。中国古代科技典籍中有许多独特的术语和概念，直接翻译往往不能准确传达其原有含义。诠释学强调对这些术语的深度理解和再诠释，可以通过注释、释义等方式使译文更具准确性和可理解性。例如，在翻译古代天文学书籍时，术语如"浑天仪"可以直译为"armillary sphere"，但如果没有对其在中国古代科技史中的重要性和具体结构的解释，读者可能无法充分理解其意义。通过诠释学的方法，可以在翻译中加入这些解释性内容。

3. 多层次理解。诠释学强调从多个层次理解文本，包括语言、文化、历史、哲学等。对于中国古代科技典籍，这种多层次的理解至关重要。译者可以通过这种方法，更加全面地把握文本中的复杂思想和知识结构。例如，在翻译《本草纲目》中的药物学内容时，译者需要理解不仅仅是药物的名称和用途，还要理解这些药物在中国传统医学体系中的地位，以及其在历史发展过程中的演变。通过这种多层次的诠释，译文可以更好地反映原文的全貌。

通过将诠释学与中国古代科技典籍的翻译研究相结合，译者能够更加准确地传达原文的思想内涵，同时也能够更好地适应不同文化背景下的读者需求。在这一过程中，诠释学作为一门研究理解和解释的学科，提供了重要的方法论指导。本文将探讨如何将诠释学与中国科技典籍的翻译研究相结合，以更好地理解和传播这些经典著作。诠释学，尤其是现代诠释学，由德国哲学家汉斯-格奥尔格·伽达默尔（Hans-Georg Gadamer）发展起来，其核心思想是"理解是历史性存在的过程"，即任何理解行为都受到历史背景、文化传统、个人经验等多重因素的影响（Gadamer, 1989）。在翻译研究中，诠释学强调译者的主体性，认为译者在翻译过程中不仅是语言的转换者，更是文化的解释者。这种视角特别适用于翻译那些具有深厚文化内涵和历史背景的科技典籍。

诠释学方法在中国科技典籍翻译研究中具有重要性，具体涉及（1）深度理解原文。通过诠释学，译者能够更好地理解原文的历史背景、文化内涵和作者的思想，从而在翻译中更准确地传达出这些深层次的内容。（2）促进跨文化交流。诠释学强调理解的过程，这一过程对于跨文化翻译尤其重要。通过诠释学的应用，译者可以更有效地将中国古代科技思想传递给不同文化背景的读者。（3）提高译文的接受度。通过对原文文化背景的深入理解，译者能够创作出更符合目标读者文化和认知习惯的译文，从而提高译文的接受度和传播效果。

需要指出的是，尽管诠释学方法在中国科技典籍翻译研究中具有重要作用，但也存在一定的局限性。例如，诠释学强调译者的主体性，这可能导致不同译者对同一文本的理解和翻译出现较大差异。此外，诠释学方法依赖于译者对文化背景的深入理解，而这种理解往往受到译者知识水平的限制。未来的研究可以在以下几个方向上进一步探索，包括（1）跨学科合作。通过与历史学、文化研究等学科的合作，增强译者对原文背景的理解，从而提高翻译质量。（2）数字化技术的应用。利用数字人文技术，创建多语言、多文化的翻译资源库，辅助译者进行更加精准的诠释和翻译。（3）案例研究的深化。进一步挖掘和分析具体翻译案例，总结诠释学方法在实际翻译中的应用经验和教训，丰富理论研究。

3.3.2 跨文化传播与文化过滤

跨文化传播与文化过滤的理论模型在翻译研究中具有重要地位，尤其是在处理像中国科技典籍这样富含文化和历史内涵的文本时。跨文化传播的理论模型则试图解释在跨文化交流中，信息如何从一个文化体系成功传递到另一个文化体系，并最终被接受和理解（迈赫迪·萨马迪 2016）。文化过滤指的是在翻译过程中，译者对原文内容进行筛选、调整或改写，以适应目标文化的语境和接受习惯。这一过程不可避免地带有主观性，因为译者需要在文化传递的过程中平衡忠实与可接受性。结合中国科技典籍的翻译，跨文化传播和文化过滤的理论要点为我们提供了理解和分析翻译过程中文化转换的有力工具（刘亚斌 2016；姜飞 2021）。

文化过滤在中国科技典籍翻译中表现得尤为明显。这些典籍不仅承载着技术知识，还深植于中国特定的文化、历史和社会背景中。因此，译者在翻译时，必须对这些文化内容进行适当的过滤，以确保译文在目标文化中的可理解性和接受度。

《孙子兵法》作为一部军事经典，其思想渗透了中国古代的哲学观念和文化背景。例如，书中的许多战略思想，如"以柔克刚"体现了道家"无为而治"的哲学思想。在翻译《孙子兵法》时，译者需要对这些哲学思想进行文化过滤，将其转换为目标文化中可理解的概念。例如，在西方文化中，这些思想可能会被解释为一种智慧和战略的体现，而不仅仅是军事手段。这种文化过滤帮助西方读者更好地理解《孙子兵法》的深层含义，同时也避免了直接翻译可能带来的文化误解。

《天工开物》记录了中国明代的工艺技术，其内容既包括具体的技术操作，也包含了与中国传统文化和社会结构密切相关的知识。例如，书中关于农耕技术的描述，既涉及农业操作，也反映了中国传统的农本思想和家庭经济模式。在翻译过程中，译者需要对这些文化内容进行筛选和过滤，以确保译文既能准确传达技术信息，又能为目标文化中的读者所接受。例如，译者可能需要将中国传统的农耕社会背景与西方的农业社会进行对比，并通过注释或解释将两者之间的差异传达给读者。

《徐霞客游记》不仅是一部地理考察记录，还承载着作者对自然的敬畏和对中国传统文化的深厚理解。徐霞客在游记中时常引用古代诗词典故，并用诗意的语言描绘自然景观。这些文化内容在翻译时可能无法直接转化为目标文化的表达方式。因此，译者需要对这些诗词典故和文化隐喻进行适当的过滤。例如，在翻译描述中国山水景观的段落时，译者可能会通过添加注释或简化表达，来帮助目标文化中的读者理解这些景观在中国文化中的象征意义。

跨文化传播的理论模型旨在解释信息如何从一个文化体系传播到另一个文化体系，并在这一过程中经历了哪些变化和适应。在中国科技典籍的翻译过程中，跨文化传播模型可以帮助我们理解译文是如何在目标文化中被接受和重构的。

《梦溪笔谈》作为一部百科全书式的科技文献，其内容涵盖了天文、地理、物理、化学等多个领域。在跨文化传播的过程中，这些科学知识在西方受到了广泛的关注和研究。然而，书中的许多科学概念和技术术语在中国文化背景下具有特定的意义，直接翻译可能导致误解。因此，译者需要根据目标文化的知识体系对这些内容进行调整。例如，沈括对磁针指南现象的描述，在西方被重新诠释为与西方科学观念相符的磁学原理，这种调整帮助西方读者更好地理解《梦溪笔谈》的科学价值，同时也促进了东西方科学思想的交流。

李约瑟主编的《中国科学技术史》是跨文化传播的经典案例。该书不仅向西方介绍了中国古代的科学技术成就,还通过跨文化传播模型,使这些成就得到了全球范围的认可和传播。在这一过程中,李约瑟不仅是原文的翻译者,更是文化的解释者。他在翻译和介绍中国科技典籍时,充分考虑了西方读者的知识背景和文化认知习惯,通过对中国古代科技成就的重新诠释,使之能够在西方文化中找到合适的解释框架。这一跨文化传播的成功案例不仅推动了西方学术界对中国科技的关注,也为中国古代科技典籍在全球范围内的传播提供了新的可能性。

文化过滤和跨文化传播模型在中国科技典籍翻译中的结合使用,可以有效地解决跨文化交流中的语言和文化障碍。通过对原文文化背景的深入理解和合理的文化过滤,译者能够在确保译文忠实性的同时,使其在目标文化中得到更广泛的接受。此外,跨文化传播模型帮助译者在翻译过程中不仅关注语言的转换,更关注信息在不同文化中的传播路径和接受模式。这种结合使用,不仅提高了翻译的质量,也促进了中国科技典籍在全球范围内的传播和影响。

文化过滤与跨文化传播的理论模型为中国科技典籍的翻译研究提供了重要的理论框架。在翻译《孙子兵法》、《梦溪笔谈》、《天工开物》、《徐霞客游记》和《中国科学技术史》等典籍时,译者通过对原文内容进行适当的文化过滤,并利用跨文化传播模型,确保这些经典著作能够在目标文化中得到准确的理解和广泛的接受。未来的研究可以进一步探讨如何优化文化过滤的过程,并结合现代科技手段,推动中国科技典籍的跨文化传播和全球化传播。

3.4 本章小结

本章通过系统梳理典籍翻译与多维诠释的理论框架,为《孙子兵法》《梦溪笔谈》《天工开物》《徐霞客游记》等中国古代科技典籍的翻译研究奠定了坚实的学理基础。本章的理论框架既关注翻译本体的语言转换(如术语处理、文体再现),又注重传播过程中的文化调适(如汉学家诠释、多模态译介),为后续案例研究提供了方法论支撑。其创新点在于将描述性翻译研究的实证性与诠释学的主体性相结合，既分析译本"如何译"，也追问"为何如此译"，同时揭示科技典籍在跨文化流通中的动态意义生成，为传统翻译理论注入科技史与全球传播的维度。

首先，3.1 节提出的跨学科视角突破了传统翻译研究的语言中心主义，强调科技典籍的独特性要求研究者融合语言学、文化学、历史学乃至科技史等多领域知识。这种综合视角不仅能更准确地把握典籍中的专业术语与科技概念，还能深入理解文本背后的社会文化语境，从而在翻译中实现知识传递与文化调适的双重目标。

第 3.2 节对描述性翻译研究方法论的探讨，为分析典籍译本提供了科学的研究路径。不同于规定性研究对"忠实性"的简单评判，该方法聚焦于翻译现象本身，通过历时与共时比较，揭示译者如何在实际操作中应对语言障碍、文体差异和文化过滤等问题。例如，对《天工开物》不同译本中技术术语处理方式的对比，或对《徐霞客游记》副文本使用差异的分析，均可通过这一方法揭示翻译行为背后的社会历史动因，从而更客观地评价译本的传播效果。

第 3.3 节引入的诠释学理论，进一步深化了对典籍翻译本质的认知。伽达默尔的"视域融合"概念表明，典籍翻译不仅是语言符号的转换，更是古今中外多重视域的对话过程。以《梦溪笔谈》的英译为例，译者需在保留宋代科学思维的同时，通过注释、序跋等副文本弥合与现代读者的理解鸿沟；而《孙子兵法》在海外军事领域的创造性解读，则凸显了译本在跨文化传播中的意义重构特性。诠释学视角由此揭示了翻译的动态性——典籍意义并非固定不变，而是在传播中不断生成与演变。可见，诠释学强调文本理解的历史性和主体性，认为翻译不仅是语言转换，更是对原文本的创造性阐释。典籍的海外传播不仅是文本流动，更是意义的重构过程。

本章的理论框架整合了跨学科性、描述性与诠释性三重维度，为科技典籍翻译研究提供了方法论创新。一方面，它避免了传统研究中语言分析与文化考察的割裂，例如在分析《天工开物》图文并茂的翻译策略时，需同时关注技术语言的准确性（语言学）、图像符号的跨文化适应性（文化学）及其在工业化进程中的接受（历史学）。另一方面，这一框架也为人工智能时代的"人机协同"翻译提供了理论参照——机器处理语言转换时，仍需依赖人文视角解决文化诠释与伦理判断问题。

总体而言，本章不仅为后续个案研究铺设了理论基石，更对中国文化"走出去"战略具有启示意义。科技典籍的翻译与传播绝非简单的知识移植，而是需要通过多学科协作、实证分析与诠释学反思，在尊重文化差异的基础上实现创造性转化，推动中国科技典籍在全球范围内的深度对话与共享。

第 4 章 兵学智慧与科技文明的跨时空对话

本章为案例分析第一部分，选取中华兵家代表性典籍《孙子兵法》与综合性笔记体科技典籍《梦溪笔谈》作为个案分析，主要从"内容与注疏"、"英译史与国内外诠释"、"文库版典籍诠释特征"、"国内外译者诠释路径对比"四个方面进行典籍译介与多维诠释的探究，旨在归纳和描述典籍翻译和诠释规律，为当下文化交流互鉴提供参考。

4.1 《孙子兵法》的翻译与诠释

《孙子兵法》的翻译与诠释要求译者具备深厚的文化理解力、语言敏感度以及对原文本的全面把握，确保在不同语言文化背景下，读者能够既忠实于原意，又能理解其现代应用价值。以下通过对《孙子兵法》历代版本与文体特色、英译史与国内外诠释、海外传播与影响三个方面对其进行探究。

4.1.1 历代版本与文体特色

《孙子兵法》是中国古代著名的兵书，被誉为"兵学圣典"，其作者为春秋时期的军事家孙武。全书共分为十三篇，分别为计篇、作战篇、谋攻篇、形篇、势篇、虚实篇、军争篇、九变篇、行军篇、地形篇、九地篇、火攻篇和用间篇。书中系统地阐述了战争的本质、战争规律、战略战术等方面的内容，具有极高的军事理论价值和实践指导意义。

《孙子兵法》书中每篇都围绕特定的主题展开，形成了一个完整而严密的军事理论体系，其结构严谨，逻辑清晰，主要包括三个方面。（1）战略理念。包括《始计篇》《作战篇》《谋攻篇》和《军形篇》，主要阐述孙子的战略思想和作战原则，强调不战而屈人之兵、先胜后战等核心理念。（2）战术原则。包括《兵势篇》《虚实篇》《军争篇》和《九变篇》，这四篇深入探讨了战场上的具体战术运用，如奇正相生、虚实结合等。（3）战术注意事项及特殊战术。包括《行军篇》《地形篇》《九地篇》《火攻篇》和《用间篇》，主要讲述在不同地形、不同战场环境下的战术注意事项，以及火攻和间谍等特殊战术的使用。这种结构安排使得《孙子兵法》的内容既有宏观的战略指导，又有微观的战术操作，层次分明。

在《孙子兵法》历代版本和注疏方面，《孙子兵法》的原貌已无法考证，现存最早的版本为银雀山汉墓竹简本，出土于山东临沂银雀山汉墓。自汉代以来，对《孙子兵法》的注疏层出不穷，其中具有代表性的有：（1）曹操注本。三国时期曹操对《孙子兵法》进行了详细注解，成为后世研究《孙子兵法》的重要依据。（2）杜牧注本。唐代文学家杜牧对《孙子兵法》进行了注解，其注本在文学性和军事理论方面具有较高的价值。（3）贾林注本。唐代军事家贾林对《孙子兵法》进行了注解，其注本在军事实践方面具有较高参考价值。（4）梅尧臣注本。宋代文学家梅尧臣对《孙子兵法》进行了注解，其注本在文学性和军事理论方面具有较高的价值。（5）张预注本。明代军事家张预对《孙子兵法》进行了注解，其注本在军事实践方面具有较高参考价值。

《孙子兵法》内容具有系统性、实用性、普遍性的特色。《孙子兵法》对战争的本质、规律、战略战术等方面进行了系统阐述，形成了一套完整的军事理论体系。书中所述战略战术具有极强的实用性，许多原则和方法至今仍具有指导意义。《孙子兵法》所阐述的军事理论具有普遍性，适用于各种战争形态和领域。

《孙子兵法》诸多名句至今读起来仍脍炙人口。例如：（1）"兵者，国之大事，死生之地，存亡之道，不可不察也。"（计篇）这句话强调了战争对国家的重要性，指出战争关系到国家的生死存亡，必须高度重视。（2）"知己知彼，百战不殆。"（谋攻篇）这句话提出了战争取胜的关键，即了解自己和敌人，从而制定出有针对性的战略战术。"上兵伐谋，其次伐交，其次伐兵，其下攻城。"（谋攻篇）这句话阐述了战争策略的层次，主张以智取胜，尽量避免正面交锋。

《孙子兵法》文体具有语言简练、条理分明、论证充分的特点。书中语言简洁明了，论述清晰，便于理解和传播。书中通过大量实例和比喻，充分论证了各个观点，使读者易于接受，大量运用了比喻、夸张、对比、对偶等修辞手法，使得原本抽象复杂的军事理论变得生动具体，易于理解。例如，《军争篇》中用"其疾如风，其徐如林，侵掠如火，不动如山，难知如阴，动如雷震"来形容军队的六种不同行动状态，形象生动，令人印象深刻。

《孙子兵法》不仅是一部理论著作，更是一部实践性很强的兵书。孙子在阐述军事理论的同时，也注重结合实际的战争案例和战场环境进行分析和论证。例如"兵贵神速。"这句话出自"作战篇"，是孙武关于战争行动速度的论述。孙武认为，在战争中，行动的迅速和出其不意是取胜的关键。这里的"神速"指的是迅速而突然的行动，使敌人来不及反应。通过快速行动，可以打乱敌人的部署，夺取战场主动权，从而取得胜利。它不仅体现了孙武的军事思想，也反映了春秋时期及之前战争的实际经验。它们在历史上的军事实践中被广泛应用，并对后世的军事理论和实践产生了深远的影响。这种理论与实践相结合的特点，使得《孙子兵法》不仅具有深远的理论价值，也具有很高的实用价值。这些特点共同构成了《孙子兵法》独特的文学魅力和军事价值。

4.1.2 海外英译史与传播

《孙子兵法》的英文翻译历史可追溯到 18 世纪末期，随着东西方文化交流的加深，这部中国古代军事经典逐渐在西方世界传播。不同历史阶段的翻译者出于各自背景、目的及文化视角，赋予了《孙子兵法》多维度的理解与诠释。以下是其翻译历程中的几个重要阶段及特征。

1. 早期翻译（18 世纪末-19 世纪中期）：启蒙与初识

最早的英文翻译版本由法国传教士钱德明（或译为阿米欧，Jean Joseph Marie Amiot）于 1772 年通过法文译本传播。阿米欧在中国长期居住，并以法文翻译了《孙子兵法》。

他的翻译重点在于向西方介绍中国文化，因此较为简略，且带有欧洲启蒙思想的倾向。基于该法文版的英译本于 19 世纪问世，但这些译本往往较为简化，且缺乏对军事思想的深度阐释。该译本较为概括，关注点在于传播东方文化，缺乏对原文细节和战略思想的深入剖析。

2. 西方军事化翻译（19 世纪末-20 世纪初）：战略应用

进入 19 世纪末，西方对东方军事思想的兴趣逐渐增加，特别是由于日俄战争等事件的影响，西方学者和军方开始关注《孙子兵法》的实际战略应用。1910 年，英国学者翟林奈（Lionel Giles）出版了较为完整的英译本，具有学术性的注释和详细的背景解释。他的翻译受到西方军界的广泛认可，并影响了后世多部译本的产生。该阶段重视文本的军事意义，强调兵法对现代战争的启示，译者多为军事背景或与军方有关，注重应用性和实战性。

3. 冷战时期及其后的翻译（20 世纪中后期）：学术化与普及化

冷战时期，随着美国对东亚的关注增加，以及越南战争的背景，《孙子兵法》在西方，尤其是美国学术界和军界得到了广泛研究。此时期的译本如 1963 年由美国学者萨缪尔·B·格里菲斯（Samuel B. Griffith）出版的 *Sun Tzu: The Art of War* 版本，不仅是对翟林奈的补充，还深入结合了现代军事理论。格里菲斯的译本具有很强的学术性和军事战略深度，被视为冷战时期重要的军事读物之一。此外，《孙子兵法》英译本还包括 Ames（1993）的译本 *Sun-tzu: The art of warfare* 和 Krause（1995）的选译本 *The art of war for executives: Ancient knowledge for today's business professional*。此外，Handel（1991: 33-56），Tung（1994: 55-65）以及 Yuen（2019）也对该典籍进行了研究。该阶段翻译学术性增强，注重结合现代军事理论进行阐释，并推动了《孙子兵法》的全球普及，影响广泛（Booth 2009）。

4. 全球化背景下的翻译（21 世纪至今）：跨文化阐释与多元化解读

进入 21 世纪，《孙子兵法》的英文翻译进一步呈现出多元化和跨文化阐释的特点。一些译本不仅仅专注于军事用途，开始探讨《孙子兵法》在商业、管理、心理学等领域的应用。这个时期的译者如托马斯·克利里（Thomas Cleary）译本强调《孙子兵法》思想的哲学和道家智慧，尝试从更多维度来解读这部经典。此外，随着全球学术界对《孙子兵法》原文的深入研究，译者们更注重语言精确性和文本忠实性（Mair 2007; Nylan 2022）。在该阶段，译本呈现多元化应用和解读（McNeilly 1996；Henderson 2007），不再局限于军事领域，注重哲学思考和跨文化沟通（McNeilly 2007; Pardhasaradhi 2015: 1125–1140），体现全球化时代的特色（Sawyer 2007）。

可见，《孙子兵法》的英文翻译历程反映了中西文化交流的深化与西方对东方思想的不断理解与吸收。从启蒙时期的浅尝辄止，到冷战时期的战略应用，再到当代的多元化解读，译本在不同历史阶段展现出不同的侧重点，也为全球读者提供了理解这部经典的多维视角。

4.1.3 文库版《孙子兵法》诠释特征

"大中华文库"版《孙子兵法》英译本（林戊荪译本）的翻译特点与诠释特色可从以下维度解析：

一、语言风格与结构特征

1. 林译本注重还原中文原文的军事哲学逻辑（Habermas 1988），采用长句与统一句式结构以保持文本的连贯性和严肃性。相较于翟林奈译本灵活多变的句法，林译本更倾向于通过复合句和复杂语法呈现原文的深层语义关系，凸显其学术翻译的规范性，体现了句法严谨性与学术性。以下为相关语句的翻译分析：

Example 1

Source Text (ST)：作战篇——孙子曰：凡用兵之法，驰车千驷，革车千乘，带甲十万，千里馈粮;则内外之费，宾客之用，胶漆之材，车甲之奉，日费千金，然

后十万之师举矣。(孙武 1999: 2)

Target Text (TT)：Waging War—Sunzi said: Generally, a war operation requires one thousand light chariots, as many heavy chariots and a hundred thousand armoured soldiers with provisions enough to carry them a thousand li. What with the expenses at home and in the field, stipends for the entertainment of state guests and diplomatic envoys, the cost of materials such as glue and lacquer (tr: for maintenance of equipment) and sums spent for the maintenance of chariots and armour, the total expenditure will amount to one thousand pieces of gold a day. Only after all this money is in hand can an army of one hundred thousand men be raised. (ibid:3)

林戊荪译本在翻译特点上展现出严谨与准确的特质。译文对原文内容进行了细致且忠实的传达，例如"驰车千驷，革车千乘，带甲十万"精准地对应为 "one thousand light chariots, as many heavy chariots and a hundred thousand armoured soldiers"，确保了数量和事物描述的精确性。同时，对于一些具有特定背景和含义的内容，译者采用了注释的方式进行补充说明，像 "glue and lacquer" 后注释 "tr: for maintenance of equipment"，帮助读者更好地理解原文中这些材料的用途，增强了译文的可读性和专业性。

在诠释特色方面，该译本注重语境的还原和文化内涵的传递。译文不仅将原文的文字信息进行了转换，还通过合理的表述构建出战争筹备的场景，如 "What with the expenses at home and in the field" 体现出战争开支在内外不同方面的情况。并且，对于 "宾客之用" 翻译为 "stipends for the entertainment of state guests and diplomatic envoys"，将其背后可能涉及的外交等含义进行了诠释，使读者能更深入地理解原文在当时社会背景下的意义，有助于传播中国古代军事文化的精髓。

Example 2

ST: 用间篇——昔殷之兴也，伊挚在夏;周之兴也，吕牙在殷。故惟明君贤将，能以上智为间者，必成大功，此兵之要，三军之所恃而动也。（孙武 1999: 112）

TT: Using Spies—In ancient times, Yi Zhi, who had served the Xia Dynasty, was instrumental in the rise of the Yin (Shang) Dynasty over Xia. Likewise, Lu Ya, who had served the Yin Dynasty, had much to do with the rise of the succeeding Zhou Dynasty. Therefore, only the enlightened sovereign and wise commander who are capable of using the most intelligent people as agents are destined to accomplish great things. Secret operations are essential in war; upon them the army relies in deciding its every move. (ibid: 113)

林戊荪译本的语言风格严谨且流畅，具有很强的逻辑性。译文用词精准恰当，对于原文中的人名"伊挚""吕牙"分别准确译为"Yi Zhi""Lu Ya"，保留了原文的文化特色。在句子表达上，采用了清晰易懂的英语句式，如"In ancient times… Likewise…"这样的表述，使译文层次分明，读者能够轻松理解原文的逻辑关系。同时，译文的语言简洁明了，没有过多的修饰，却能准确传达原文的核心信息，让英语读者能够高效地获取《孙子兵法》的内容。

在诠释特色方面，该译本注重文化背景的阐释和核心思想的传达。对于原文中涉及的历史事件和人物作用，译文进行了一定的解释和说明，像"who had served the Xia Dynasty, was instrumental in the rise of the Yin (Shang) Dynasty over Xia"详细说明了伊挚在殷朝兴起过程中的作用，帮助读者更好地理解历史背景。并且，译文准确地诠释了原文的核心思想，强调了使用智者对于成就大事的重要性，使读者能够深刻领会《孙子兵法》中这一重要的军事理念。

2. 在词汇选择与语义透明度方面，林译本在文化负载词（如"奇正""虚实"）的翻译中倾向于异化策略，优先采用直译或音译加注的方式，例如保留"Dao"（道）、"Yin-Yang"（阴阳）等术语的拼音形式，辅以文内解释或脚注阐明其哲学内涵（黄海翔 2015）。

Example 3

ST: 九地篇——先其所爱，微与之期。践墨随敌，以决战事。是故始如处女，

敌人开户，后如脱兔，敌不及拒。（孙武 1999: 98）

TT: Nine Regions—Seize the strategic points first, but do not lightly agree to a date for the decisive battle. Be flexible when you decide your movements, ever ready to revise them according to the changing posture of the enemy. Thus, before action starts, appear as shy as a maiden and the enemy will relax his vigilance and leave his door open; once the fighting begins, move as swiftly as a scurrying rabbit and the enemy will find it is too late to put up a resistance. (ibid: 99)

在文化负载词的翻译方法上，林戊荪译本展现出灵活且恰当的特点。对于具有特定文化内涵的词汇，采用了意译的方式来传达其核心意义。例如"先其所爱"，译者将其翻译为"Seize the strategic points first"，把"所爱"理解为战略要点，准确地传达了原文在军事语境中的含义，使英文读者能够理解其军事战略意图。"始如处女，后如脱兔"这样极具文化意象的表达，分别翻译为"appear as shy as a maiden"和"move as swiftly as a scurrying rabbit"，通过生动形象的比喻，将原文中先示以柔弱、后迅猛出击的策略以通俗易懂的方式呈现给英文读者，便于他们理解。

从诠释特色来看，该译本注重对原文军事思想的阐释和文化意象的传递。译文不仅准确翻译了文字，还深入挖掘了原文背后的军事理念。如对"践墨随敌，以决战事"的翻译，详细解释了要根据敌人情况灵活调整作战计划的思想，帮助读者理解军事行动中的灵活性原则。同时，通过形象的比喻翻译文化意象词汇，让英文读者能够感受到中国古代军事文化中独特的思维方式和表达方式，在传播军事思想的同时，也传递了中国文化的魅力。

Example 4

ST: 军争篇——孙子曰:凡用兵之法，将受命于君，合军聚众，交和而舍，莫难于军争。军争之难者，以迂为直，以患为利。故迂其途，而诱之以利，后人发，先人至，此知迂直之计者也。(孙武 1999: 46)

TT: Contest to Gain the Initiative—Sunzi said: Generally in war, the commander receives his mandate from the sovereign. In the process of assembling his troops, mobilizing the population and taking up positions against the enemy, nothing is more difficult than troop manoeuvring to gain the initiative in war. What is involved here is to turn the tortuous into the direct and to turn adversity into advantage. You render the enemy's route tortuous by luring him with inducements of easy gains, and as a result, you may set out after he does but arrive at the contested battlefield before him. To be able to do so is to have understood the method of turning the tortuous into the direct. (ibid: 47)

此类处理既维护了文化特异性，也为读者提供了理解中国古典思想的语境支撑。

二、诠释策略与译者主体性

1. 在文化诠释的深度方面，林戊荪在翻译中强调对《孙子兵法》哲学层次的还原，尤其注重"天地人"宇宙观与"四知之法"（知彼知己、知天知地）的战略思维传递。译文还通过扩展性注释或副文本（如前言、附录）系统阐释兵学思想与《周易》等经典的关联性，构建跨文化阐释的知识框架（Hu 2024）。以下为具体译文的分析：

Example 5

ST: 谋攻篇——故善用兵者，屈人之兵而非战也，拔人之城而非攻也，毁人之国而非久也，必以全争于天下，故兵不顿而利可全，此谋攻之法也。(孙武 1999: 18)

TT: Attacking by Stratagem—Therefore, he who is skilled in war subdues the enemy without fighting. He captures the enemy's cities without assaulting them. He overthrows the enemy kingdom without prolonged operations in the field. By taking all under heaven with his "whole and intact strategy," he wins total victory without wearing out his troops. This is the method of attacking by stratagem. (ibid: 19)

林戊荪在处理战略哲学概念时展现出卓越的术语创译能力与思想显化意识。针对"屈人之兵而非战也"这一核心军事思想，译者突破字面束缚，用"subdues the enemy without fighting"实现三重转化：动词"subdues"精准捕捉"屈"的心理征服内涵；"without"结构将否定词"非"转化为战略选择；动态名词"fighting"替代静态的"战"，凸显过程控制。更显著的是对"全"这一哲学概念的诠释——将"必以全争于天下"译为"taking all under heaven with his 'whole and intact strategy'"，通过创制复合术语"'whole and intact strategy'"（引号强调原创性），将单字"全"拓展为"完整性"（whole）与"无损耗性"（intact）双重维度，既呼应后文"兵不顿而利可全"，又为西方读者搭建理解"全胜论"的认知桥梁。

译本通过语法重构强化孙子战略思想的逻辑链条，实现兵法智慧的国际化转码。原文排比句"屈人...拔城...毁国"的层递关系，在译文中通过主语"he"的三次重复形成英语修辞学中的 anaphora（首语重复），配合"without"结构的平行运用，使"不战而胜"的核心理念获得韵律化强调。尤其精妙的是将"故兵不顿而利可全"因果句转化为"wins total victory without wearing out his troops"的悖论式表达：用"total victory"对仗前文"whole and intact strategy"，构成战略目标与实施手段的闭环；"wearing out"以磨损隐喻替代"顿"（钝挫）的兵器意象，既保留军事隐喻又符合英语认知习惯。最终将"谋攻之法"升维译为"method of attacking by stratagem"，以"stratagem"（战略计谋）替代直译"attack"，揭示孙子"以智克力"的战争哲学本质。

Example 6

ST: 谋攻篇——故曰:知彼知己者,百战不殆;不知彼而知己,胜一负;不知彼,不知己，每战必殆。(孙武 1999: 22)

TT: Attacking by Stratagem—Therefore I say: Know your enemy and know yourself and you can fight a hundred battles without peril. If you are ignorant of the enemy and know only yourself, you will stand equal chances of winning and losing. If

71

you know neither the enemy nor yourself, you are bound to be defeated in every battle. (ibid: 23)

林戊荪译本在此箴言的转译中展现出辩证逻辑的显化能力与军事认知论的跨文化重构。面对"知彼知己"这一浓缩东方辩证思维的命题，译者通过平行结构"Know your enemy and know yourself"实现双重转化：用物主代词"your"将抽象认知主体具象为指挥官角色；以并列连词"and"取代中文意合连接，凸显敌我认知的同等重要性。尤其对"百战不殆"的处理——译为"fight a hundred battles without peril"而非字面直译"no danger"——通过"peril"一词强调持续性作战中的系统性风险，使孙子认知论超越战术层面升维至战略安全维度。在诠释"不知彼而知己"的中间态时，创造性采用概率学术语"stand equal chances of winning and losing"，将模糊的"一胜一负"转化为现代决策理论的可量化模型，体现译者对孙子军事概率论的前瞻性把握。

译本通过情态动词的梯度化运用构建认知层级体系，实现兵法哲学的科学化转码。这种语法选择将孙子经验主义论述转化为严谨的军事认知定律，尤其"bound to"的强烈归因效果，强化了"不知"与"必败"的因果链条。更深远的是对"知"的哲学诠释：全段七次重复"know"构成的认知语义场，结合"ignorant/neither"的否定矩阵，在英语语境中重构出孙子"认知即战斗力"的核心战争观，使 2500 年前的东方智慧与现代情报战理论形成跨时空共振。

2. 在译者主导的平衡性方面，作为"译者中心"理念的实践案例，林译本在"适应"与"选择"的翻译生态中兼顾原文权威性与读者接受度。例如，对军事术语的翻译既采用标准化英文对应词（如"terrain"对应"地"），亦通过增译策略补充逻辑衔接词（如因果连词、转折词），以降低西方读者的认知负荷。

Example 7

ST: 势篇——孙子曰:凡治众如治寡,分数是也;斗众如斗寡,形名是也;三军之众,可使必受敌而无败者,奇正是也;兵之所加,如以碫投卵者,虚实是也。(孙武

1999: 30)

TT: Momentum—Sunzi said: There is no difference between administering many troops and few troops. It is a matter of organization, of instituting layers of control. There is no difference between commanding a large army and a small one. It is a matter of communications, of establishing an efficient system of command signals. Thanks to the combined use of qi (奇) and zheng (正) tactics , the army is able to withstand the onslaught of the enemy forces. By staying clear of the enemy 's strong points and striking at his weak points, it is able to fall upon the enemy like using a whetstone to crush an egg. (ibid: 31)

林戊荪译本在译者选择特点上展现出精准与专业。译者对原文内容有着深刻理解，能准确把握每个概念的核心要义。对于原文中如"分数""形名""奇正""虚实"这些具有特定军事内涵的概念，译者通过详细解释进行翻译。"分数"翻译为"organization, of instituting layers of control"，将其理解为组织和分层管理；"形名"翻译为"communications, of establishing an efficient system of command signals"，解释为通信和建立有效的指挥信号系统，精准地传达了原文在军事语境下的含义。对于"奇正"和"虚实"，虽然保留了拼音，但通过描述其作用来辅助英文读者理解，体现了译者在专业军事术语处理上的谨慎与准确。

从诠释特色来看，该译本注重对原文军事思想的阐释和文化内涵的传递。译文不仅是文字的转换，更深入挖掘了原文背后的军事智慧。译文解释了"奇正"战术结合能使军队抵御敌人进攻的道理；详细说明了"虚实"原则中避实击虚的效果。这种诠释方式帮助英文读者更好地理解中国古代军事文化的独特魅力和深刻思想，促进了中国军事文化在国际上的传播。

Example 8

ST: 九变篇——是故智者之虑，必杂于利害。杂于利而务可信也;杂于害而患

可解也。(孙武 1999: 30)

TT: Varying the Tactics—For this reason, the wise commander or general, in his deliberations, will take into account both the favourable and the unfavourable factors. By considering the favourable factors when faced with difficulties, he will be able to accomplish great tasks. By considering the unfavourable factors when everything proceeds smoothly, he will be able to avoid possible disasters. (ibid: 31)

林戊荪在处理孙子辩证思维时展现出哲学概念的现代性转码与军事决策学的跨文化重构。针对"杂于利害"这一浓缩东方辩证法的核心命题，译者突破字面义"混杂"的局限，以决策理论框架重构为"take into account both the favourable and the unfavourable factors"：通过经济学术语"factors"将抽象哲理具象为可量化要素，用二元对立结构"both...and"凸显矛盾统一性，尤其以"favourable/unfavourable"替代直译"benefit/harm"，将伦理化表述转化为现代战略评估术语。

译本通过语法显化与情态系统构建决策认知模型，实现兵学智慧的普适化转译。原文隐含的条件逻辑在译文中被具象为时间状语从句结构："when faced with difficulties"与"when everything proceeds smoothly"的对比框架，将孙子情境辩证法转化为可视化决策流程图。对"智者"的诠释处理：译为"wise commander or general"通过双名词叠加，既强调军事专业性（commander）又突出将帅素养（general），配合"deliberations"（审慎考量）这个法律决策术语，最终将"虑"的思维过程升华为现代领导力理论中的战略决策范式，使古老东方智慧在组织行为学语境中获得新生。

三、传播定位与学术价值

"大中华文库"版译本以推动中国文化"走出去"为目标，强调译文的学术严谨性与文化忠实度。林译本通过《孙膑兵法》的合编与对比注释，强化了文本的历史纵深感，其翻译策略服务于典籍的经典化重构，而非单纯追求市场流通性。尽管其句法复杂性与词汇难度可能限制大众传播范围，但其在专业领域（如军事理论、汉学研究）被视为权威参考译本，体现了中国学者对外译话语权的建设性探索，译本中配了相关地域图示，为读者了解中国古代社会和历史背景提供了有力支撑材料，详见图4-1。

春秋末期各国示意图
The different states in late Spring
and Autumn Period

图 4-1 "大中华文库"版《孙子兵法》英译本中的地形示意图（孙武 1999: 28）

林戊荪译本通过异化翻译策略与深度文化诠释，构建了兼具学术规范性与文化主体性的翻译范式，其特色反映了中国译者在全球化语境下对典籍外译的"再经典化"努力，亦为跨文化哲学对话提供了语言学与阐释学双重路径。

4.1.4 国内外译者诠释路径对比

一、《孙子兵法》译本传播的历时性脉络

《孙子兵法》的英译始于1905年，英国汉学家卡尔斯罗普（E. F. Calthrop）完成首个全译本，尽管该译本因过度意译引发争议，但开创了西方系统研究该典籍的先河。1910年翟林奈（Lionel Giles）在大英博物馆完成校勘本翻译，其学术性注释体系成为后续译本的基准范式。二战后期（1963 年），美国海军陆战队上校塞缪尔·B·格里菲思（Samuel B. Griffith）的译本将传统注释与现代军事理论相结合，推动该典籍进入西点军校教材体系。

冷战时期（1980-1990 年代）出现诠释学转向，学者安乐哲（Roger T. Ames）等提出过程哲学解读策略，强调超越字面翻译的文化概念重构。21 世纪后，数字化传播催生交互式译本，如 Denma Translation Group 的动态注释版在 Kindle 平台获得超过数十万次下载。

二、跨领域的影响维度

1. 在军事战略层面，美国国防大学将"不战而屈人之兵"纳入《联合军官战略素养评估纲要》，兰德公司在部分战争评估报告中援引"兵贵胜，不贵久"作为战略拖延的警示案例。

2. 在商业管理领域，哈佛商学院案例库收录麦克尼利（Mark McNeilly）的《孙子与商战艺术》（Sun Tzu and the Art of Business），其提出的"竞争优势六原则"直接重构《形篇》核心概念。牛津大学赛德商学院研究显示，全球 500 强企业中不少企业将《孙子兵法》列为高管必读书目。

3. 关于竞技体育方面的应用，NBA 教练详解"以正合，以奇胜"的战术哲学，运用"虚实原则"可使比赛进攻效率得到提升。

三、学术研究范式演进

据统计，1990-2020 年间 SSCI 期刊涉及《孙子兵法》的论文年均呈现增长态势，研究主题呈现从文本校勘向文化认知迁移的趋势。比较研究领域形成两大流派：李零提出的"原典主义"主张回归银雀山汉简考据，而 Ames（2003）倡导的"实用主义诠释"强调现代语境下的理论转化。

当前研究前沿还包括语料库翻译学分析（Baker 1996; 胡开宝 2011; 王克非 2012），

海外部分大学汉学系建立的"英译平行语料库已标注多个译本的语言特征参数，揭示译本变异度与特定历史阶段战略需求的强相关性。

该典籍的传播史印证了东方智慧文本在异质文化中的适应性嬗变，其影响力持续渗透的深层机制，在于文本本身的战略哲学普适性与西方实用主义传统的共鸣效应。当前数字化传播带来的认知碎片化风险，则构成新的研究命题。

4.2 《梦溪笔谈》的翻译与诠释

《梦溪笔谈》是北宋科学家沈括晚年所著的综合性笔记体著作，成书于 11 世纪末的润州梦溪园，内容涵盖自然科学、人文科学及社会历史现象，被誉为中国古代科学史的里程碑。该书影响深远，英国学者李约瑟评价其为中国科学史上最卓越的人物的代表作，其内容为后世研究古代科技提供了核心文献依据，同时在天文历法、农学、工艺等领域启发了后续发展。该书的翻译研究值得深入对比分析，对历代注疏者以及海内外不同译者的诠释视角有必要进行多维分析，从中找出异同点和规律，为文化"走出去"提供参考。

4.2.1 内容与史料价值

《梦溪笔谈》全书共 26 卷，辅以《补笔谈》3 卷及《续笔谈》1 卷，全书分十七门类，其中约四成篇幅涉及天文、数学、物理、地质、医药、工程技术等学科，18%属于人文科学，其余 46%为政事、军事与杂闻，系统总结了北宋及前代的科技成果。例如，书中记载了毕昇的活字印刷术，包括印刷术的过程和具体操作方法，还包括对浑仪、圭表等天文仪器的详细描述，提出"十二气历"调和阴阳历矛盾，并精确描述了指南针的磁偏角现象与制作工艺，以及地磁偏角发现、凹面镜成像原理、隙积术（等差级数求和法）等科学创见，同时收录了民间工匠的技艺贡献。沈括对化石形成、潮汐原理等自然现象的推测亦体现出超越时代的科学思维。

沈括在书中采用笔记文体，兼具学术考证与文学叙事特点。除严谨的科学论述外，亦包含"神奇""异事"等志怪篇章，如"扬州明珠"等超自然现象记载，体现了古代笔记小说虚实交融的特质。这种文体既保留了大量珍贵科技史料，又反映了宋代文人的多元书写传统。

史料价值方面，《梦溪笔谈》被誉为"中国科学史上的坐标"，其严谨的记录填补了多项技术史空白。书中保存了大量失传的科技文献，如喻皓《木经》、卫朴历法改革实践，以及冶铁、水利等工程技术细节，成为研究宋代科技文明的核心文献。国际科学史界对其评价极高，西方学者视其为"中国古代百科全书"。书中对地磁偏角的发现比欧洲早 400 余年，活字印刷术的记载是现存最早的可靠史料，均彰显其全球科技史意义。

作为融科学实证与人文思辨于一体的经典，该书不仅是中国古代科技高峰的见证，更为后世提供了探索自然规律的方法论启示。而作为百科全书式著作，《梦溪笔谈》不仅推动了中国科学思想的传承，其流畅文笔和跨学科视野也对文学、教育领域产生持续影响，成为兼具科学价值与文化遗产意义的经典。

4.2.2 海外英译史与传播

《梦溪笔谈》的英译史与海外传播历程可追溯至 19 世纪中后期，其科学价值与文化内涵逐渐受到国际汉学界的关注。以下为该著作海外传播的重要时间脉络及相关译者概况：

（1）早期传播与片段翻译（19 世纪中期至 20 世纪中叶）

1859 年，伟烈亚力（Alexander Wylie，1815-1887）节译了《梦溪笔谈》中有关指南针的内容，发表于期刊 *The North-China Herald*。1875 年，卫三畏（Samuel Wells Williams，1812-1884）节译了该典籍部分内容，对中国活字印刷书进行了探讨，成果发表于期刊 *The Chinese Recorder* 第 6 卷。此阶段虽无完整英译本，但前期学者的研究为后续西方译介奠定了基础。20 世纪初期，法、德、英等欧洲汉学家开始关注此书，通过学术论文及专著引用片段译文，将其科学成就纳入中西科技史比较研究范畴。美国学者卡特（Thomas Francis Carter）在 1925 年节译了活字印刷术相关的内容，对该技术向西方的传播进行了论述，该研究在美国哥伦比亚大学出版社出版。例如，英国科学史家李约瑟（Joseph Needham, 1954）在其《中国科学技术史》中多次引用《梦溪笔谈》，并称其为"中国科学史上的里程碑"，进一步提升了该书的国际影响力。

（2）系统性翻译与研究（20 世纪后半叶至今）

20 世纪中叶起，该典籍的海外研究逐步增多。1949 年，荷兰汉学家戴闻达 J. J. L. Duyvendak，1889-1954）节译了《梦溪笔谈》少量内容，在伦敦出版。此后，相关的摘译、节译现象增多，包括如 T. F. Carter（1955），Donald Holzman（1958），Hu Shiguang（1984），Daiwie Fu（1993-1994，1999）等（参见王烟朦 2022：247-248）。与《梦溪笔谈》研究相关的海外著作还包括李约瑟主编的《中国科学技术史》（*Science and Civilisation in China*）系列图书中的第四卷第 1 分册（Vol. 4, Physics and Physical Technology, Part 1: Physics，1962）；第四卷第 3 分册（Vol. 4, Physics and Physical Technology, Part 3: Civil Engineering and Nautics，1971)，以及第五卷第 1 分册（Vol. 5, Pt. 1 *Paper and Printing*，1985）。美国汉学家德克·博德（Derk Bodde）对《梦溪笔谈》的部分章节进行了译介，尤其关注沈括在天文、数学等领域的论述，成为英语世界早期的重要译介成果（Bodde 1991）。美国科技史学者席文（1995)在专著 *Science in Ancient China: Researches and Reflections* 中对《梦溪笔谈》进行了分析。《梦溪笔谈》成为西方大学中国科技史课程的重要参考（Strassberg 1994）。

21 世纪以来，随着全球汉学研究深化，多个语种的全译本陆续问世，研究视角更为多元（Elman 2005）。2001 年，美国汉学家梅维恒（Victor H. Mair）节译了该典籍《扬州夜明珠》中的内容，在美国出版，收入《哥伦比亚中国文学史》。美国汉学家席文对该典籍进行了评论，将《梦溪笔谈》书名采用音译结合直译的方式转换为"*Mengxi*

bitan (Brush Talks from Dream Brook)"，推动了该书在国际上的传播与汉学研究（Sivin 1995，2021）。2013 年，Ronald Egan 也节译了《梦溪笔谈》部分内容，对沈括及中国古代书写材料等进行了研究。

在诠释特点与学术影响方面，海外译者普遍从科技史视角切入，强调书中对天文仪器改进（如浑仪、圭表）、地磁偏角现象、活字印刷术等记载的原创性。部分译本附有长篇导论，将沈括的学术思想与同时期欧洲科学传统进行对比分析。此外，西方学界对《梦溪笔谈》社会历史类条目的关注相对较少，侧重其作为"前现代科学文献"的史料价值。

目前公开的完整英译本仍属罕见，多数研究成果以专题译注或节译形式呈现。近年数字化技术的应用促进了该书多语言版本的在线传播，但其深度诠释仍依赖专业汉学家的跨学科协作。

4.2.3 文库版《梦溪笔谈》诠释特征

"大中华文库"版《梦溪笔谈》的英文译本由王宏教授主持翻译，其诠释特征主要体现在以下三方面：

一、系统性翻译策略的理论框架

译者以德国功能主义学派理论为基础，结合文本类型学，将全书内容按条目性质划分为信息型、表达型与操作型文本，分别制定对应策略。例如，科技条目采用直译辅以术语解释，文史典故则侧重文化内涵传递，兼顾学术严谨性与可读性。这种复合型文本分层处理方法，突破了传统单一翻译模式的局限。以下结合具体译文进行分析和阐释：

Example 1

ST: 卷十八喻皓《木经》——营舍之法，谓之《木经》，或云喻皓所撰。凡屋有三分:自梁以上为上分,地以上为中分,阶为下分。凡梁长几何,则配极几何,以为槺等。如梁长八尺,配极三尺五寸,则厅堂法也。此谓之上分。(沈括 2008: 528)

TT: Yu Hao's Building Houses with Timber in Vol. 18—Yu Hao is said to have written a book entitled Bulding Houses with Timber. In this book, a house is divided into three parts. The upper part is above the beam. The middle part is between the beam and the floor while the lower part is below the steps. The length of a beam is proportional to the height from the beam to the roof, and a matching rafter is made in the same proportion. For example, if the length of the beam is 8 chi, the height from the beam to the roof should be 3.5 chi. This is the rule for the construction of the upper part of the reception hall. (ibid: 529)

王宏译本在翻译方法上采用了直译与意译相结合的策略。对于原文中的专有名词,如"喻皓""《木经》"分别直接音译为"Yu Hao""Building Houses with Timber",保留了原文的文化特色。而在解释建筑结构和比例关系等内容时,运用意译进行详细说明,如"自梁以上为上分,地以上为中分,阶为下分"翻译为"The upper part is above the beam. The middle part is between the beam and the floor while the lower part is below the steps",清晰地向英文读者传达了建筑各部分的划分。对于"梁长几何,则配极几何",意译为"The length of a beam is proportional to the height from the beam to the roof",准确地诠释了梁长与梁到屋顶高度的比例关系。

该译本的诠释特色在于注重对原文技术内容的详细阐释和文化背景的适当补充。译文不仅准确翻译文字,还深入解读原文中的建筑规则和原理,通过举例"if the length of the beam is 8 chi, the height from the beam to the roof should be 3.5 chi",将原文中抽象的建筑比例具体化,帮助英文读者更好地理解。同时,在介绍《木经》时,说明 "Yu Hao is said to have written a book",对《木经》作者的信息进行了适度补充,使读者能更全面地了解相关文化背景，促进了中国古代建筑文化的传播。

Example 2

ST: 卷十八"隙积术"和"会圆术"——算数求积尺之法，如刍萌、刍童、方池、冥谷、堑堵、鳖臑、圆锥、阳马之类，物形备矣，独未有隙积一术。古法，凡算方积之物，有立方，谓六幕皆方者。其法再自乘则得之。(沈括 2008: 530)

TT: The Xiji and Huiyuan Methods in Vol. 18—In mathematics, the methods to calculate the volumes of various polyhedrons such as "chumeng", "chutong", "fangchu", "minggu", "quandu", "bienao", "yuanzhu" and "yangma" are many. However, only the "*xuji*" method is missing. According to ancient methods, the volume of a cube or an object whose six planes are all squares can be got by multiplying the length of one of its sides for two times. (ibid: 531)

王宏译本在处理中国古代数学术语时采取了音译加范畴化的双重策略，既保留文化特异性又确保学术可读性。对于"刍萌""鳖臑"等专业名词直接采用拼音转写，通过首字母小写和引号标注凸显术语特殊性；同时用上位词"polyhedrons"总括所有几何体，为西方读者建立认知框架。译本特别注重古代数学方法的现代诠释，如将"再自乘"这一运算描述转化为标准数学表达"multiplying...for two times"，使传统算法获得当代数理表述。

该译本通过逻辑重构实现科技文本的跨时空沟通，在术语处理上形成层次分明的解释体系。译者将"算方积之物"拆解为"cube or an object whose six planes are all squares"的复合定义，既保持几何描述的精确性，又通过"or"连接提供平行理解路径。对沈括原文的隐性分类逻辑进行显化处理，如用"However"强调"隙积术"的特殊性，用"According to ancient methods"标注知识来源，构建起传统数学知识的系统化表述框架。这种译法既维持了科技文本的严谨性，又完成了中国古代数学思想的现代学术转码。

Example 3

ST: 补笔谈卷二古器曲意——古鼎中有三足皆空，中可容物者，所谓"鬲"也。煎和之法，常欲涪在下，体在上，则易熟而不偏烂。及升鼎，则浊滓皆归足中。《鼎卦·初六》："鼎颠趾，利出否。"(沈括 2008: 972)

TT: Special Mechanisms of Ancient Utensils in Supplementary Discussion Volume 2 — Among ancient cooking vessels with two loop handles and three or four legs, one is called "*li*"(鬲) whose three legs are hollow and can contain objects. When cooking meat, soup is put at the bottom while the meat is put in the upper part. In this way the meat can be thoroughly boiled. When the cooking is finished and the boiled meat rises up to the upper part of the cooking vessel, the meat scraps will sink down to the hollow part of the legs. In "The Ding Hexagram" of *The Book of Change*, there is a sentence which goes: "Turning the cooking vessel upside down will empty the dregs."(ibid: 973)

在翻译方法上，译者采取了灵活且贴合原文内涵的策略。对于专有名词，如"鬲"，采用了拼音加注释的方式"*li*(鬲)"，既保留了中文特色，又方便读者理解。在处理原文中关于烹饪方法和现象的描述时，译者进行了较为详细的阐释，将原文简洁的表述展开为清晰易懂的现代语言，使译文更符合英文读者的阅读习惯。对于引用的《鼎卦·初六》中的句子，译者没有生硬直译，而是将其意思以更自然的方式表达出来，"Turning the cooking vessel upside down will empty the dregs"，准确传达了原文的核心意义。

从诠释特色来看，译者注重文化内涵的传递和信息的完整性。在译文开头对"古器"进行了更详细的说明，"Among ancient cooking vessels with two loop handles and three or four legs"，让读者对所描述的器物有更直观的认识。对于烹饪过程和现象的解释，不仅详细说明了步骤，还解释了这样做的目的和结果，使英文读者能更好地理解原文中关于烹饪方法和原理的内容。同时，对引用的《易经》内容进行了准确且易于理解的诠释，有助于读者把握原文的文化背景和深层含义。

二、文化专有项的多元化处理

针对典籍中大量科技术语、数量词、典章制度及音乐艺术类专有项，译者综合运用音译、直译、注释及语境化增补等策略。如音乐条目采用艾克西拉（Javier Franco Aixelá）的文化专有项翻译理论，对古乐器名称采取"音译+功能描述"的复合译法（如"杖鼓"译为 *zhanggu* drum with wooden clappers），既保留文化特异性，又确保目标读者理解。同时，对历史事件与人物背景增设脚注，平衡文本精简与信息完整性。

Example 4

ST: 卷十八棋局都数——今略举大数：凡方二路，用四子，可变八十一局；方三路，用九子，可变一万九千六百八十三局；方四路，用十六子，可变四千三百四万六千七百二十一局；方五路，用二十五子，可变八千四百七十二亿八千八百六十万九千四百四十三局；古云：十万为亿，十亿为兆，万兆为梯。算家以万万为亿，万万亿为兆，万万兆为垓。今但以算家数计之。(沈括 2008: 540)

TT: Total Number of Arrangements of Chess Pieces on the Chessboard of Weiqi in Vol. 18—Here are a few examples. If there are only four squares on the chessboard, at most four chess pieces can be used and altogether eighty-one different arrangements can be made. If there are nine squares on the chessboard, at most nine pieces can be used and altogether 19,683 different arrangements can be made. If there are sixteen squares on the chessboard，at most sixteen chess pieces can be used and altogether 43,046,721 different arrangements can be made. If there are twenty-five squares on the chessboard, at most twenty-five chess pieces can be used and altogether 847,288,609,443 different arrangements can be made. (According to the ancient numbering system, "yi"(亿) is 10 multiplied by 10,000."Zhao"(兆) is 10 multiplied by 100,000,000. "Ti"(梯) is 10,000 multiplied by a "zhao." However, for mathematicians, "yi" is 10,000 multiplied by 10,000. "Zhao" is 10,000 multiplied by 10,000 "yi." "Gai"(垓) is 10,000 multiplied by

10,000 "zhao". Here we use mathematicians' way of calculation.) (ibid: 541)

王宏译本翻译方法灵活，对棋局示例部分采用直译，清晰呈现不同棋盘格数、棋子数与可变化局数的对应关系，如将"方二路，用四子，可变八十一局"等准确翻译。对于古代和算家不同计数单位的解释则采用意译，详细说明"亿""兆""梯""垓"在不同计数体系中的换算方式。在诠释特色上，注重对专业内容的准确阐释。不仅准确传达原文棋局变化的数学信息，还对计数单位差异这一易混淆点进行详细解释，使英文读者能清晰理解古代数学相关概念，有助于传播中国古代数学文化。

Example 5

ST: 卷十九"黄目"考——其钲中间铸一物，有角，羊头，其身亦如篆文，如今时术士所画符，旁有两字，乃大篆"飞廉"字，篆文亦古怪，则钲间所图，盖飞廉也。**飞廉，神兽之名**。淮南转运使韩持正亦有一钲，所图飞廉及篆字，与此亦同。(沈括 2008: 570)

TT: A Study on "Yellow Eyes" in Vol. 19—Right in the center is an animal cast in bronze, which has horns and a head like that of a sheep. The ornamental patterns on its body also resemble the seal scripts or magic figures and incantations drawn by a Taoist. Beside the animal are two seal characters. Though written in a bizarre fashion, they can still be recognized as "飞廉"(*feilian*). Probably the animal on the musical instrument is called ***"feilian", a celestial animal in fairy tales***. Han Chizheng, Governor of Huainan, also owns a gong. Its ornamental patterns and the seal characters inscribed on it are exactly the same with mine. (ibid: 571)

王宏译本在翻译文化专有项时采用了"音译+同位语解释"的复合策略，既保持文化意象的独特性又确保理解的可及性。对于"飞廉"这一神话生物，先保留中文拼音"feilian"，随即用"a celestial animal in fairy tales"进行文化定位，通过"celestial"强调其神性特征，同时以西方熟悉的"fairy tales"作为认知参照系。译本特别注重器物文化的可视化转译，如将"黄目"钲上的纹饰描述为"ornamental patterns...resemble the seal scripts or magic figures"，用"seal scripts"对应"篆文"，"magic figures"解释"符"的宗教内涵，在物质文化层面架设理解桥梁。

该译本通过语境重构实现考古文本的跨文化诠释，在细节处理上形成多维解释网络。译者将"术士所画符"拆解为"Taoist"标明宗教属性，"magic figures and incantations"说明符咒功能，完整传递原文的方术文化语境。对专业术语如"淮南转运使"采用功能对等译法"Governor of Huainan"，舍弃官职细节而突出行政职能。尤为重要的是对器物纹饰的诠释策略，用"probably"保留沈括的考据语气，以"can still be recognized as"处理篆字辨识过程，既维持学术文本的严谨性，又将中国古代金石学的考证方法转化为现代考古学的表述范式。

Example 6

ST: 卷十九弩机——大意天覆地载，前后手势耳；参连为奇，谓以度视镞，以镞视的，参连如衡，此**正是勾股度高深之术也**。(沈括 2008: 584)

TT: The first sentence describes the gesture of the archer's two hands when shooting an arrow. The second sentence tells that the scale should zero in on the arrowhead and the arrowhead should be aimed at the target and the three points should form a line. Here, the **Pythagorean Theorem** is used to decide the position of the arrowhead. The Trigger Mechanism of a Crossbow in Vol.19—(ibid: 585)

在文化负载词的翻译方法上，王宏译本采取了意译与文化阐释结合的方式。对于具有独特文化内涵的词汇，如"天覆地载""参连"等，未直接翻译，而是根据其在原文语境中的含义进行解释，像"天覆地载"意译为描述弓箭手双手射箭的姿势，"参连"解释为使刻度、箭头和目标三点成一线。对于"勾股度高深之术"，直接用西方熟知的"Pythagorean Theorem"来对应，便于英文读者理解。

其诠释特色在于注重文化的沟通与理解。译文不仅解释了原文中技术操作的含义，还将中国古代的数学知识与西方数学概念建立联系，帮助英文读者跨越文化差异，理解中国古代科技文献中的智慧，促进了中国古代科技文化的传播。

三、译介理念与传播效度导向

作为全球首个英文全译本，该译本以"明白、通畅、简洁"为总原则，强调跨文化传播的实践导向。例如，删减重复叙述以符合现代学术规范，但对如活字印刷术的核心科技原理则严格还原技术细节，凸显其科学史价值。此外，译本后续还通过英国出版社海外发行，既服务于学术研究，也兼顾大众阅读需求，成为科技典籍外译的典范性实践。

该译本在翻译学上的创新之处在于其系统构建了科技典籍的多维翻译模型，为同类文本的译介提供了方法论参考，同时推动了《梦溪笔谈》在国际科学史领域的经典化进程。

4.2.4 国内外译者诠释路径对比

国内外英文译者在《梦溪笔谈》的诠释路径上呈现出显著的差异，主要体现在翻译目的、文本处理方式及学术视角三个方面。

一、国外译者的诠释特点

1. 传教士条目式翻译（19世纪至20世纪初）

早期传教士译者（如裨治文等）以实用为导向，选择性翻译与西方科学体系相呼应的条目，如天文、数学等。其译文常采用条目摘译形式，语言通俗化，省略文化专有项，服务于西方对中国科技的猎奇心态。例如，对"活字印刷术"条目的翻译仅保留技术流程描述，未涉及沈括对工匠身份的社会评价。

2. 汉学家节译式诠释（20世纪中期）

以李约瑟《中国科学技术史》为代表的学者，通过节译结合评注的方式，将《梦溪笔谈》纳入全球科学史叙事框架。其译文侧重考证科技成就的世界领先性，常添加比较性注释，如将沈括对磁偏角的记载与欧洲同类发现进行年代对比。但这种诠释弱化了文本的文学性与社会历史维度。

3. 科学史译写结合模式（20世纪后期）

专业科学史家（如席文团队）采用跨学科译写策略，在翻译地质、光学等条目时，嵌入现代科学术语解释，同时重构段落逻辑以符合西方学术规范。如对"海市蜃楼"现象的译文，不仅直译原文描述，还添加大气折射原理的现代阐释。

二、国内译者的诠释特征

1. 学者全译式路径（21世纪）

王宏主持的"大中华文库"版译本（2011）首创全译本，遵循功能主义翻译理论，将数百条原文按文本类型理论分类处理：

信息型条目（如工程技术）采用术语标准化策略，建立双语对照表，如将"缕悬法"译为"silken suspension method"并附注古代磁学原理。

表达型条目（如文人轶事）保留隐喻修辞，通过增补文化脚注实现可读性，如对"透光镜"条目中"承日照之"译为"when sunlight passes through it"，后附文字说明中国古代铜镜制作工艺。

2. 文化话语重构策略

国内译本注重构建中国科技话语体系，在"石油"等条目翻译中刻意保留"石漆"等古称，通过括号加注现代术语（如 petroleum (shiyou)），既维系文化主体性又确保学术准确性。对比美国汉学家内森·席文（Nathan Sivin）的译本，后者直接使用现代地质学术语，削弱了文本的历史语境。

三、诠释路径差异的深层动因

国外诠释多服务于西方中心主义学术框架，早期传教士译本强化了"中国技术西来说"，现代科学史译本则侧重验证李约瑟难题。国内诠释则致力于打破"东方神秘主义"刻板印象，通过系统化翻译策略展现中国古代科技的系统性与理论性，如王宏译本对"隙积术"的翻译，不仅译出沈括的垛积公式，还通过数学符号重构为现代级数表达式，证明其与等差数列公式的等价性。

这种诠释差异本质上是文化话语权的博弈：国外译本塑造作为"奇观"的中国科技史，国内译本则构建作为独立知识体系的中国科技传统。当前译介趋势显示，国际学界正从选择性诠释转向全译本研究，如近年剑桥大学启动的《梦溪笔谈》数字人文项目，开始系统考察文本的社会文化维度，标志着诠释路径的深度融合。

4.3 本章小结

本章作为全书案例分析的开篇之作，以《孙子兵法》与《梦溪笔谈》两大文化坐标构建起中国古典智慧的对话场域。通过建构"文本阐释-译介传播-文化互鉴"的三维研究框架，系统揭示了军事哲学与科技文明在跨文化传播中的诠释密码。

在文本诠释层面，研究突破传统校勘学范畴，采用互文性理论对历代注疏体系进行解构。特别注意到《十一家注孙子》（2012）的层累式阐释特征，与《梦溪笔谈》"条目式"知识生产的差异，揭示出军事经典的系统性与科技笔记的碎片化对翻译策略产生的根本性影响。通过数字人文技术对注疏网络的图谱化呈现，直观展示了诠释传统对文本意义生成的塑造作用。

译介史研究突破线性叙事，绘制出 18 世纪以来英语世界的"译介谱系树"。其中发现《孙子兵法》的军事实用主义翻译传统与《梦溪笔谈》的科技实证主义诠释路径形成鲜明对比，折射出西方汉学界对东方智慧的选择性接受机制。值得关注的是，剑桥李约瑟研究所对《梦溪笔谈》的集体译注工程，开创了"学者共同体"协作翻译的新范式。

在传播维度上，研究运用传播生态学理论，揭示两部典籍在海外知识界的"再经典化"现象。《孙子兵法》通过"管理哲学化"的诠释转向，成功嵌入西方商学院的课程体系；而《梦溪笔谈》则借助"前现代科学"的话语重构，成为比较科技史研究的重要标本。这种文化符号的创造性转化，彰显了典籍译介从语言转换到意义再生产的深层演变。

本章通过建立军事与科技典籍的对比研究模型，指出典籍诠释传统决定翻译形态，海外传播生态形塑接受维度。概言之，基于兵学智慧与科技文明的跨时空与跨文化对话，由此可见典籍翻译和诠释研究的双重维度。这不仅为后续章节的科技类典籍研究提供了方法参照，更为当代文明对话贡献了"以古鉴今"的诠释学路径——在尊重文本历史性的同时，激活其与现代知识体系的对话潜能，这正是典籍外译实现创造性转化的关键所在。

第 5 章 工艺科技典籍与地理考察文献的交叉互鉴

本章为案例分析第 2 部分,选取《天工开物》与《徐霞客游记》作为个案分析,与第 4 章内容形成呼应和拓展,主要从"典籍文本内容与形式特征"、"英译史与国内外诠释"、"文库版典籍诠释特征"、"国内外译者诠释路径对比"四个方面进行典籍译介与多维诠释的探究,旨在归纳和描述典籍翻译和诠释规律,为当下文化交流互鉴提供参考。

5.1 《天工开物》的翻译与诠释

本节将系统探讨《天工开物》的翻译与诠释研究,聚焦其文本特色、海外传播历程及不同版本的诠释差异。首先分析原著的图文并茂形式对跨文化阐释的影响;其次梳理其在英语世界的译介史与传播路径;随后针对文库版的注释体例、知识呈现等诠释特征展开论述;最后对比国内外译者在翻译策略、文化立场上的异同,揭示跨文化诠释的复杂性。

研究重点包括:1)通过图文结合分析,挖掘文本的多模态诠释潜力;2)结合历时性视角,厘清译本在西方科学史与汉学界的接受脉络;3)从"大中华文库"版《天工开物》个案出发,总结传统学术的现代诠释范式;4)通过译者路径对比,提出文化转译中的"诠释边界"问题,为典籍外译研究提供方法论参考。

5.1.1 图文并茂的文本特色

以下分别从文本结构分析、插图功能研究、图文互释机制三个维度对《天工开物》文本特点进行详述,用以对其英译与诠释路径的差异分析展开前期研究。

一、文本结构分析

《天工开物》的文本结构以系统性分类为核心，全书分上、中、下三卷18篇，涵盖农业、手工业等主要生产领域，形成完整的科技知识体系。其编纂逻辑兼具广度与深度，每卷聚焦特定技术流程，通过"生产过程描述—技术要点解析—数据比例佐证"的三层递进结构，既实现宏观技术框架的搭建，又完成微观操作细节的精准刻画。这种结构设计使文本在呈现复杂工艺时，既能保持学科交叉的综合性，又能通过模块化编排确保技术信息的可追溯性。全书以"贵五谷而贱金玉"为核心理念，将内容划分为农业与手工业两大板块，形成总分式技术体系。农业部分以粮食生产为逻辑起点，按耕作时序展开；手工业部分则以民生需求为优先级，依次呈现纺织、染色、制盐、冶铸等生产技术。

《天工开物》十八卷均贯彻"总述-分论-流程"的三段式结构，例如《乃粒》卷首论五谷起源，次述稻麦栽培，末载灌溉工具，体现从宏观理论到微观操作的递进性。这种层级递进的编纂逻辑在多个技术门类中得到充分体现：

1. 《乃服》卷（衣物篇）三段式结构

总述——开篇引《尚书》"衣裳黼黻"之说，追溯"治丝起于羲皇"的纺织起源

分论——详述蚕种选育、桑叶采摘、蚕室构造等养蚕核心技术

流程——完整呈现缫丝工序，从煮茧抽丝到绕丝工具，特别载录脚踏缫车的机械构造参数

2. 《彰施》卷（染色篇）三段式结构

总述——系统阐释"天垂象而五色备"的自然色彩观

分论——细分植物染料体系，详释红花、蓝草等七类染料的物候特征

流程——图解套染工艺，记载"先靛后红"的叠色次序与媒染剂配比

3. 《粹精》卷（谷物加工）三段式结构

总述——引《考工记》"刮摩之工"定义粮食精加工范畴

分论——对比南北杵臼形制差异，考证"碓屋"建筑的声学防震设计

流程——绘制砻谷-舂米-筛分工序链，记录水碓联动装置的齿轮传动比

4. 《作咸》卷（制盐篇）三段式结构

总述——援引《洪范》"润下作咸"确立盐政地位

分论——辨析海盐、池盐、井盐的地质成因

流程——分解煎盐五步骤，量化卤水浓度检测的"莲子试浮法"

5. 《甘嗜》卷（制糖篇）三段式结构

总述——追溯"饴蜜"源流，论证蔗糖取代蜂蜜的技术必然性

分论——比较竹蔗、荻蔗等四大蔗种的含糖率

流程——详载榨汁-熬糖-脱色工艺，特别记录黄泥脱色法的操作温度曲线

这种结构范式具有显著的技术认知特征：总述部分构建哲学框架（平均占比约二成），分论展开技术要素分析（占约五成），流程环节聚焦操作细节（占约三成）。以《冶铸》卷为例，首论"金火相革"的五行理论，中析失蜡法模具制作，末载铜液浇铸时的"排气孔"设置标准，完整呈现了从抽象原理到具象实践的认知路径。这种编排体系不仅实现知识层级的纵深拓展，更暗含"道器相须"的技术哲学，为后世科技文献编纂树立了典范。

整体上，文本的行业分类体系具有显著的实践导向特征。宋应星基于实地考察经验，打破传统经史子集分类模式，首创以生产技术门类为纲的编纂体例。各卷独立成章但互相关联，如《粹精》详述谷物加工，《甘嗜》专论制糖工艺，二者共同构建农产

品深加工链条。此外，章节排列隐含着技术复杂度的梯度差异，基础产业（如农业）居前，精密制造（如冶铸）置后，形成由简至繁的技术图谱。这种结构既反映明代社会生产力布局，又凸显作者"天人合一"的技术哲学观。

二、插图功能研究

关于《天工开物》插图功能研究的内容与特点，主要可以从以下两个方面进行归纳和探析：

1. 插图功能的主要内容

（1）在技术细节上呈现视觉化

《天工开物》的插图（木刻版画）以高度写实的手法还原了明代农业、手工业技术的具体操作场景。例如：《乃粒》卷中稻麦种植插图，通过分步骤展示犁地、播种、灌溉等流程，将抽象农学知识具象化。《冶铸》卷对"失蜡法"铸造铜器的描绘，通过分解模具制作、熔铜浇注等步骤，直观呈现复杂工艺。插图不仅补充文字描述，更通过空间布局（如工具结构分解图）和比例标注，解决纯文字难以传递的技术细节问题。这对于对外翻译与传播而言无疑具有纯文字描述所不具备的优势。

（2）工艺流程的分解与逻辑强化

插图与文本形成"流程叙事"互补，例如：《陶埏》卷中瓷器烧制插图，从制坯、上釉到窑炉构造，以连环画式分镜串联生产链，强化工艺流程的连贯性。《杀青》卷对造纸术的图示，通过"斩竹漂塘→煮楻足火→荡料入帘"等关键节点插画，形成视觉化操作指南。这种图文配合突破了传统农书"重经验轻流程"的局限，构建出标准化的技术传播模式。

（3）跨文化理解的视觉桥梁

在海外传播中，插图成为突破语言障碍的核心载体。18世纪传入日本时，《丹青》

卷矿物颜料提炼插图被直接摹刻，成为江户时代工匠的技术参考模板。19世纪英国汉学家儒莲（Stanislas Julien，1797—1873）翻译时，特别标注插图对应的工具部件名称（如"龙骨水车"的齿轮结构），使西方读者得以理解中国技术的独创性。

2. 插图的特点

（1）写实性与技术美学结合

插图严格遵循"以器载道"原则，如《锤锻》卷中对铁器锻造工具（砧、锤、钳）的比例刻画精确到实用尺寸，兼具工程图的功能性。同时融入传统绘画美学，如《粹精》卷的水碓插图以山水为背景，在技术图解中保留文人画的意境表达，形成独特的"科技艺术"风格，在对外交流中具有专属的图文特质。

（2）系统化与模块化设计

全书的123幅插图按"生产领域—技术类别—操作单元"三级体系编排，如《膏液》卷的榨油工具插图群（杵臼、楔式榨床、釜甑蒸馏），形成从原料处理到成品提取的完整模块。重要工具（如"花机"纺织机）采用"整体结构+局部特写"的复合插图模式，兼顾宏观布局与微观机制。

（3）跨时代的技术传播价值

插图中保存了多项失传技术的视觉证据，如《五金》卷的"灌钢法"图示，为现代冶金史研究提供了关键实物参照。在数字人文领域，海外高校等机构已对原图进行3D建模（如《舟车》卷的漕船结构），验证了插图的工程准确性。

总的来讲，《天工开物》的插图不仅是文本的附属品，更是自成体系的技术文献。其功能研究可以从科学传播学（信息解码效率）、艺术史学（木刻版画技法）、技术哲学（经验知识视觉化）等多维度展开，这也正是该书超越同期欧洲技术手册《矿冶全书》的独特价值所在。

3. 图文互释机制

在图文互释机制方面，全书附设的上百幅木刻插图采用"人—工具—环境"三位一体的视觉叙事模式，近景构图强化了技术主体的表现力。插图通过三种功能维度实现与文本的互补：其一，以具象化图示解构文字描述的抽象工艺流程（如活塞式风箱的机械传动原理）；其二，通过场景化描绘补充生产环境参数（如筒车汲水图中的水流动力来源）；其三，借助人物动态演示规范操作手法（如赶棉车图中劳动者的肢体动作与工具握持角度）。这种图文互释不仅突破了文言表达的时空局限，更通过视觉符号系统构建起跨文化的技术认知桥梁。

5.1.2 海外英译史与传播

一、早期引介与碎片化传播（17 世纪中期至 19 世纪末）

《天工开物》成书于明崇祯十年（1637 年），但其海外传播肇始于欧洲汉学家对东亚技术的兴趣和研究（Hartwell 1962）。18 世纪，《天工开物》也传到了欧洲，首先是法国，巴黎的国家图书馆藏有馆藏版本。法国耶稣会士杜赫德（Jean-Baptiste Du Halde）在《中华帝国全志》（*Description géographique, historique, chronologique, politique et physique de l'empire de la Chine*, 1735）中首次提及中国冶铁、制瓷等技术，虽未直接引用《天工开物》，但其记载的技术细节与宋应星所述存在明显互文（张柏春，2005）。1830 年，汉学家儒莲(Stanislas Julien)将《丹青》章关于银朱的部分译成法文，发表于《新亚洲报》(Nouveu Journal Asiatique)。这可能是《天工开物》被译成西文的开始。1832 年，在期刊 Journal of the Asiatic Society of Bengal 中学者在研究中国丹砂时，从法文转译为英文，节译了《丹青》章节内容；后续还英文节译了《五金》《锤锻》的内容（1834），以及英文节译《乃服》章（1838）。（参见王烟朦 2022：245-246）

此阶段特点表现为：1. 技术取向的碎片化转译：传教士与汉学家基于实用主义原则，聚焦冶铸、纺织等可直接应用于欧洲工业革命的技术章节。2. 知识中介的双重过滤，译本经拉丁文或法文转译，叠加译者技术认知局限，导致原典知识体系被拆解重构（潘吉星，1989）。

二、专业化学术译介阶段（20 世纪初至 1970 年代）

1925 年，中国地质事业的主要奠基人丁文江（V. K. Ting）英文节译《舟车》章，随后 1948 年中国化学史家李乔苹节译《天工开物》原文约 20%篇幅，用于探讨古代中国化学工艺。1950 年，S. Howar Hansford 节译了该典籍部分内容，对中国玉石雕刻进行了研究（王烟朦 2022：245-246）。英国科技史学者李约瑟（Joseph Needham）在《中国科学技术史》（*Science and Civilisation in China*）中系统引述该书技术内容达数十处，开创了西方学界对其科技价值的认知框架（Needham, 1954；1959）。1966 年，《天工开物》英译本 *T'ien-kung k'ai-wu: Chinese Technology in the Seventeenth Century* 在 Pennsylvania State University Press 出版社出版，译者为任以都和孙守全（Sun, E.-t. Z., & Sun, S. C.），该译本在学术期刊 *Journal of Asian Studies* 受到关注和评论（参见 Lo 1967）。Elvin（1973）在 *The Pattern of the Chinese Past* 书中探讨了《天工开物》反映的明代社会经济状况。相关论文和图书分析或译注《乃粒》《粹精》，并结合《天工开物》资料研究明代农村市场结构（Skinner 1985），其技术图示重构策略深刻影响了后续诠释路径。

阶段特征表现为：1. 译注体例的学科化，译者采用技术史注释体例，如译本中农业术语附拉丁学名与比较农学史注释。2. 研究型译本的涌现，包括剑桥李约瑟研究所等机构推动的协作翻译模式，催生了跨学科校勘本。

三、全译本时代与多维诠释（1980 年代至今）

1980 年，近代化学史家李乔苹等英译并出版《天工开物》全译本（*T'ien-Kung K'ai-Wu: Exploitation of the Work of Nature*）（Li 1980）。1997 年，Dover Publications 出版了英文版《天工开物》（*Chinese Technology in the Seventeenth Century: T'ien-Kung K'ai-Wu*），书中指出该典籍成书于明代 1637 年，配有 150 多幅木刻插图，涵盖了 17 世纪

中国的所有主要工业技术，凸显了该书的重要价值，并指出汉英译文原则主要包括既注重忠实原文，又力求文字通顺易读。该典籍在海外的研究也对探讨中国科技原创性起到了促进作用（Bray 1984; Temple 1986），推动了从比较文明视角对中西方科技的对比研究（kuhn 1988; Sivin 1966, 2009; Huff 2010; Schäfer 2011）。英国著名汉学家古克礼（Christopher Cullen）[①]也开展了对《天工开物》的研究，他发表的论文对研究 17 世纪中国的科学与技术之间的关系有所助益（Cullen, 1990）。中国当代学者潘吉星译注《天工开物》，有助于普通读者更清楚地了解书中的专门术语，对确立标准化译名体系具有积极意义。

本阶段特点包括：1. 诠释视角的多元化：从单一技术史解读转向生态哲学，如"天工"与"开物"的生态伦理阐释、经济史等多维分析。2. 传播媒介的数字化转型：新时代，部分博物馆"中国发明"数字展馆将《天工开物》技术原理制作成交互式三维模型，实现知识传播的沉浸化。

整体式，《天工开物》的海外传播呈现三重张力：技术实用主义与原典整体观的矛盾、术语现代化与历史语义的冲突、文化普适性与地方性知识的博弈。其英译史本质是技术知识从东方经验体系向西方科学范式迁移的认知重构过程，译者通过技术等效翻译策略在异质文化间搭建解释性桥梁（袁运开，2003）。

5.1.3 文库版《天工开物》诠释特征

"大中华文库"（Library of Chinese Classics）版《天工开物》英译本（*Tian Gong Kai Wu*, 2007）由潘吉星今译，王义静、王海燕、刘迎春合作英译，它是 21 世纪中国本土学者系统诠释传统科技典籍的典范。该译本在词、句、篇三个维度均体现出独特的诠释策略，并通过副文本构建了跨文化阐释框架，以下从语言特点、注释体系及副文本

[①] 古克礼（1946- ）获牛津大学工程科学硕士和伦敦大学中国古典文学博士，为剑桥大学东亚科学、技术与医学史荣誉教授，达尔文学院院士，中国科学院荣誉教授。研究领域为中国科学史，包括数学史、天文史和医学史等，曾任英国李约瑟研究所所长。

设计三方面展开分析。

一、词汇层面的诠释：术语翻译的学术化与标准化

译者对技术术语的处理采用"音译+释义"的双重策略，既保留文化特异性，又兼顾可读性。如"砲"译为"pao (artillery)"，既标注拼音又通过括号补充现代对应词。对于专业性较强的概念，如"连二灶"译为"double-connected furnace (*lian'er zao*)"，通过英语构词法重构技术内涵。这种译法延续了李约瑟的翻译理念，即在可理解范围内最大限度保留原语符号。

在农业术语处理上，译者注重历史语境还原。如"秧马"直译为"seedling horse"，但通过脚注说明其为"宋代插秧专用木制农具，形似马鞍"。这种"直译+文化注释"模式，相较于法兰克福学派译者的意译法，更完整地保留了术语的符号学意义。以下结合具体汉英对照文本进行分析：

Example 1

ST: 乃粒第一——凡谷无定名，百谷指成数言。五谷则**麻、菽、麦、稷、黍**，独遗**稻**者，以著书圣贤起自西北也。(宋应星 2007: 2)

TT: Cultivation of Grains in Chapter 1—The term "grain" does not refer to a specific type of crop, but is a general term for "as many as a hundred crops", while "the five grains" refer to **sesamum, beans, wheat, panicum millet and glutinous millet**. (ibid: 3)

在术语的翻译方法上，译者采用了精准对应与适当解释相结合的策略。对于"乃粒"这一具有特定文化内涵的术语，译者将其翻译为"Cultivation of Grains"，准确传达了原文关于谷物种植的核心意思，以直白易懂的英文表达让读者迅速把握主题。对于"五谷"中具体的谷物名称，如"麻、菽、麦、稷、黍"，分别对应翻译为"sesamum, beans, wheat, panicum millet and glutinous millet"，直接采用英文中对应的植物名称，使读者能明确知晓所指。同时，对于"百谷"，通过"as many as a hundred crops"进行阐释，清晰地说明了

它是一个泛指众多谷物的概念。

从诠释特色来看，译者注重文化信息的传递与理解的便利性。在译文里，对每个术语的翻译都简洁明了，没有过多复杂的表述，方便英文读者快速理解原文中术语的含义。例如，将"五谷"的具体所指直接罗列出来，让读者能直观地了解到古代中国"五谷"包含的内容。对于一些可能在英文语境中不太常见的概念，译者也进行了恰当的处理，以符合英文读者的认知习惯，使译文既保留了原文的文化内涵，又具有良好的可读性，帮助读者更好地理解中国古代农业文化相关的内容。

Example 2

ST: 盐产第三——凡盐产最不一，**海、池、井、土、崖、砂石**，略分六种，而东夷树叶、西戎光明不与焉。赤县之内，海卤居十之八，而其二为**井、池、土碱**。(宋应星 2007: 86)

TT: The Sources of Salt in Chapter 3—The sources of salt vary greatly. Generally speaking, there are six sources- **sea salt, lake salt, well salt, earth salt, rock salt and gravel salt**. The "treeleaf" salt in northeastern China and the "bright" salt consumed by ethnic minorities in northwestern China are not included. In China, sea salt accounts for eighty percent of all the salt produced, while **well salt, lake salt and earth salt** constitute the remaining twenty percent. (ibid: 87)

在翻译方法上，译者采取了直接对应与解释说明相结合的方式。对于"海、池、井、土、崖、砂石"等盐的种类，直接对应翻译为"sea salt, lake salt, well salt, earth salt, rock salt and gravel salt"，清晰明了地传达了原文信息。对于"东夷树叶、西戎光明"这类具有特定文化背景且含义不太直观的表述，译者没有简单音译，而是用"'treeleaf' salt in northeastern China"和"'bright' salt consumed by ethnic minorities in northwestern China"进行解释，帮助读者理解其大致所指。对于"赤县"，直接翻译为"China"，让英文读者能快速理解其代表的地域概念。

100

从诠释特色来看，译者注重文化背景的传达和信息的完整性。在翻译过程中，不仅准确翻译术语，还对一些可能引起误解的内容进行补充说明。比如在解释"东夷树叶、西戎光明"时，明确指出了地域范围，使读者能结合地理信息更好地理解原文。同时，在处理数据信息时，如"十之八""其二"，翻译为"eighty percent"和"the remaining twenty percent"，以符合英文表达习惯的方式呈现，让读者更直观地获取原文中的比例信息，使译文在保留原文文化内涵的同时，具有良好的可读性和可理解性。

Example 3

ST: 砖第十一——凡埏泥造砖，亦掘地验辨**土色，或蓝或白，或红或黄**(闽广多**红泥**，蓝者名**善泥**，江浙居多)，皆以黏而不散，粉而不沙者为上。(宋应星 2007: 326)

TT: Bricks in Chapter 11—When people knead clay to make bricks, it is also necessary to get **clay from the ground**. Clay can be **blue, white, red and yellow** (Fujian and Guangdong provinces are rich in **red clay** and Zhejiang Province teems with blue clay, which is called "**good clay**"). The best clays are those that are adhesive but not loose, fine and without sand. (ibid: 327)

该译本在术语处理上采用了"技术性描述+地域性标注"的复合翻译策略。对于不同颜色的制砖黏土，译者使用"blue/white/red/yellow clay"的直译方式保持物质特性，同时通过括号补充说明"good clay"这一特定称谓，既保留"善泥"的文化内涵又维持科技文本的客观性。在处理"黏而不散，粉而不沙"这一工艺标准时，译本采用对比结构"adhesive but not loose, fine and without sand"，用"adhesive"准确对应"黏"的专业属性，以"fine"转化"粉"的质地描述，使传统工艺要求符合材料学表述规范。

译本通过地理信息显化和工艺参数量化实现技术文本的跨文化转换。将"闽广""江浙"具体化为"Fujian and Guangdong provinces"和"Zhejiang Province"，并运用"are rich in"和"teems with"的差异化动词，既传递原文的地域分布信息，又避免重复表述。对黏土品质的评判标准处理精当，使用"the best clays are those that..."的判断句式，将主观经验性描述转化为客观评价体系，其中"not loose"与"without sand"的双重否定结构，精准再现了传统工艺对材料纯净度的严苛要求，体现了科技翻译中精确性与可操作性的平衡。

二、句法层面的诠释：科技文体的功能对等

通过分段与标点重构，将原文的类书体例转化为现代科技文本结构，呼应了纽马克（Newmark, 1988: 39）提出的交际翻译原则，即以目标语读者认知习惯重组信息流。

Example 4

ST: 纸料第十三——凡纸质用楮树(一名榖树)皮与桑穰、芙蓉膜等诸物者为皮纸。用竹麻者为竹纸。精者极其洁白，供书文、印文、柬、启用。粗者为火纸、包裹纸。(宋应星 2007: 388)

TT: Raw Materials for Making Paper in Chapter 13—There are different types of paper. Bark paper is made from the bark of the paper-mulberry trees (called "grain trees"), silk-mulberry fibre, or cotton rose hibiscus. Bamboo paper is made from bamboo fibre. Re-fined paper is incredibly white and used in writing, printing, and writing letters. The rough paper is used as paper of burnt offerings or wrapping paper. (ibid: 389)

在句法层面的诠释上，译者对原文的句子结构进行了灵活调整。原文采用简单的并列句式分别介绍不同纸质的原料及用途，译文则将其整合为更符合英文表达习惯的段落。例如，把对皮纸和竹纸的描述合并在一句中说明不同类型纸张的原料来源，使句子逻辑更连贯。对于纸张用途的说明，也重新组织了语序，让译文在句法上更加流畅自然，便于英文读者理解。

从科技文体的功能对等方面来看，翻译方法和诠释特色体现为准确传达信息与适应目标语表达习惯。译者准确地将原文中关于纸张原料和用途的专业信息翻译出来，如"bark paper""bamboo paper"等专业术语的使用，确保了科技内容的准确传递。同时，在诠释上，考虑到英文读者的认知习惯，对一些具有中国特色的表述进行了适当解释，像"paper of burnt offerings"解释了"火纸"的用途，使译文在功能上与原文对等，既保留了科技文本的专业性，又增强了可读性。

Example 5

ST: 墨第十四——凡墨，烧烟凝质而为之。取桐油.清油、猪油烟为者，居十之一。取松烟为者，居十之九。(宋应星 2007: 416)

TT: Making Ink in Chapter 14—Ink is made from lampblack. One tenth of the ink production is made from tung oil, colza oil, lard, and nine-tenths are made from burning pinewood. (ibid: 417)

该译本在句法层面进行了显著的逻辑重构与信息重组，将原文的并列描述转化为清晰的量化对比结构。译者将"凡墨，烧烟凝质而为之"这一总述性判断句拆解为"Ink is made from lampblack"的定义式主句，既确立了核心概念，又通过"lampblack"这一专业术语准确对应"烟凝质"的科技内涵。随后采用"One tenth...and nine-tenths..."的精确分数对比结构，将原文分散的油墨比例信息整合为系统的生产数据报告，不仅符合现代科技文本的数据呈现方式，更通过"are made from"的被动语态强调生产工艺的客观性，实现了从经验性描述向科学性陈述的范式转换。

在科技文体功能对等方面，译本通过术语标准化和过程显化实现了技术知识的跨文化传递。选用"tung oil, colza oil, lard"等国际通用的植物油脂命名，避免文化负载词造成的理解障碍，其中"colza oil"对"清油"的转译尤为精准，既保持专业特性又符合西方读者认知。将"取...为者"的文言结构转化为"made from"的现代制造工艺表述，通过物质原料与生产结果的直接关联，构建起清晰的工艺流程说明。特别值得注意的是对"松烟"的处理，译为"burning pinewood"而非字面的"pine smoke"，以原料和工艺的复合表述准确揭示本质，体现了科技翻译中实质对等形式优于形式对应的基本原则，使传统工艺知识获得现代科技文本的表述权威。

三、篇章层面的诠释：副文本的阐释系统

1. 在注释体系方面，全书包含上百条文内注释或脚注，形成三级注释系统：（1）技术性注释，如"镔铁"注为"high-quality steel imported from Persia"；（2）文化互文注释，如《考工记》注引"the earliest Chinese technological monograph from 5th century BCE"（3）添加校勘说明。这种复合注释模式超越了传统典籍译本的考据范式，构建起"技术-历史-文献"三维阐释空间。丰富的相关图示也是该译本的特点之一，如图 5-1 为"烧石成灰"示意图，图 5-2 为"凿取蛎房"示意图，此类示意图清晰明了，富含中国文化韵味，有助于帮助读者还原古代技术进行创造的场景。

2. 在附录中，包括计量单位换算表（Equivalence of Chinese Weights and Measures in Metric Units），如 1 尺=31.1cm，1 斗=10.74 liters；二十四节气表（The Twenty-four Solar Terms in China）；历史年表（Chronological Table of the Chinese Dynasties，2100 B.C.-1911 A.D.）；中国古代与当代地名对照表（Ancient and Modern Places Table），这些副文本构成的阐释框架，与正文形成互文网络，有效降低了跨文化阅读门槛。

概言之，诠释特征从总体上而言，"大中华文库"版《天工开物》英译本呈现出"学术化诠释"与"大众化传播"的双重特质：在微观层面坚持术语的精确对应，通过密集注释保留文本的历史性；在宏观层面运用现代出版手段重构阅读体验，其诠释范式既不同于李约瑟（Needham 1954，1986，1996）的科技史解读，也有别于日本学者薮内清（Kiyosi Yabuuti，1906-2000）的文献学本位，开创了技术文本的跨学科阐释新路径。

煤餅燒石成灰

烧石成灰

Burning coal cakes to make oyster ash

图 5-1 "烧石成灰"示意图 (ibid, p.364)

房蠣取鑿

凿取蛎房

Removing oyster shells from rocks with mallet and chisel

图 5-2 "凿取蛎房"示意图 (ibid, p.365)

5.1.4 国内外译者诠释路径对比

一、注释策略的异同

"大中华文库"版《天工开物》在注释设计上注重文化负载词的解释与历史背景的还原。例如，对"乃粒""燔石"等专业术语，译者采用"音译+直译+注释"的三重策略，既保留术语的音韵特征（如"*Naili*"），又通过直译（如"Cultivation of Grain"）提供基本语义，并在脚注或附录中补充其技术原理及社会意义，如解释"燔石"为"矿石煅烧工艺，涉及石灰石与煤炭的交互反应"。此外，副文本中附有详细的工艺流程图与历史年表，强化了科技史语境。

海外译本的注释则呈现出多样化特征。早期译者如儒莲（Stanislas Julien）在 19 世纪的法译本中，倾向于简化技术细节，仅对关键工艺如"丹青"章中的银朱制备进行学术性注解，且注释多集中于工艺步骤而非文化内涵。20 世纪李约瑟（Joseph Needham）在《中国科学技术史》中引用《天工开物》时，采用"归化式注释"，将"曲蘖"译为"fermentation starter"，并类比欧洲酿酒技术，以降低读者的认知壁垒。当代部分西方译本虽增加术语表，但注释多集中于文本表层逻辑，缺乏对技术哲学如"天工"与"人工"辩证关系的深层阐释。

二、正文翻译的诠释差异

1. 术语处理

"大中华文库"版坚持"文化本位"原则，对"五金"、"膏液"等核心概念采用直译，如"Five Metals"、"Grease Liquids"，并通过重复性语境强化其内涵一致性。例如，"杀青"译为"Killing the Green"，既保留原词的动态意象，又通过章节内多次复现建立术语体系。原文第 11 章"瓦"的制作技艺相关描述中有"掘地二尺余"、"百里之内"等长度单位，在英译文中使用拼音 *chi* 以及 *li*，译文为"to dig two *chi* deep under the earth's"和"Within a hundred *li*"（宋应星 2007: 320-321），全文保持了单位的统一。

海外译本则更注重目标读者的可接受性。如儒莲将"丹青"译为"vermilion pigment production"，以功能描述替代文化意象；李约瑟将"锤锻"译为"forging and casting"，借用西方冶金学术语实现语义对等，但弱化了原词涵盖的"手工锤炼"语境。

2. 句式重构

"大中华文库"版倾向于保留原文的并列结构与非人称叙事。例如，原文"凡造竹纸，事出南方，北地不可得也"被译为"Bamboo papermaking originates in the south; it cannot be produced in the north"，通过分号维持因果逻辑，且省略主语以贴近中文的隐性施事特征。

海外译本则普遍添加逻辑连接词以符合英文叙事习惯。如 Sun E-Tu Zen 将上述语句改写为"Since bamboo papermaking is a southern craft, it cannot be practiced in the north"，通过"since"显化因果关系，并补充"craft""practiced"等词以明确施事主体。

3. 文化意象转化

相关译本对"天工开物"这一书名的翻译具有典型诠释特征，译为"The Exploitation of the Works of Nature"，强调"自然力"与"人力"的协作关系，标题补充说明"A Chinese Technological Treatise from 1637"，凸显其历史定位。

海外译本则呈现多元诠释路径：儒莲早期法译本将其简化为"Procédés industriels des Chinois"（中国工艺技术），聚焦实用性；李约瑟则译为"Heavenly Creations and Human Exploits"，通过"heavenly"传递"天工"的形而上意涵，但弱化了"开物"的能动性。不列颠百科全书将《天工开物》英译为"Creations of Heaven and Human Labor"[①]，突出人力（human labor）的作用，较好地体现了书名蕴含中国传统哲学中"天工"与"人力"协同的思想，形成了字面意义的对应与文化意象的传递。该译文保留哲学内核，简化文化负载词，原著"天工开物"源自《尚书》"天工，人其代之"与《周易》"开物成务"，融合儒

① 参见网络在线版不列颠百科全书《天工开物》词条英文信息：
https://www.britannica.com/topic/Tiangong-kaiwu[2025-03-09]

家、道家思想。译文虽未直译典故，却通过 Heaven and Human Labor 保留了"自然与人力协作"的哲学内核，避免因文化背景差异导致读者理解障碍。

美国国会图书馆的数据库（Library of Congress，简称 LC）对《天工开物》英文名采用的版本为"The Exploitation of the Works of Nature (Tiangong Kaiwu)"[①]，突出该典籍对自然的改造之力，体现了直译为主、音译为辅的翻译方法，以及强调功能性与学术严谨性的翻译观点，括号内保留拼音 Tiangong Kaiwu，既标注原书名读音，也为术语本土化提供参照，常见于学术翻译中对专有名词的处理。该译文通过 Exploitation of... 的动宾结构，将逻辑重心转向人类对自然产物的单方面开发，弱化了"天工"（自然主动创造）的主体性，更侧重"开物"的实践行为。

三、诠释路径的深层动因

"大中华文库"版的翻译策略体现了"文化自觉"导向，其注释体系与副文本设计服务于跨文化传播中的"知识完整性"，旨在建构中国科技史的自主话语体系。而海外译者的诠释受制于目标文化的接受语境，早期译本受东方主义影响，侧重猎奇式技术摘录；当代译本虽转向学术化，但仍受西方科技史叙事框架制约，倾向于将中国技术纳入全球比较视野，而非凸显其内生逻辑。

通过对比可见，"大中华文库"版在术语系统性、注释深度与副文本丰富性上具有优势，而海外译本在可读性与跨文化适应性层面更具经验。二者的互补性为未来典籍翻译提供了双重参照，对外译介中华科技典籍时既需坚守文化本真性，亦需探索动态平衡的诠释路径。

[①] 参见网络在线版美国国会图书馆所载《天工开物》词条英文信息：
https://www.loc.gov/item/2021666134/[2025-03-10]

5.2 《徐霞客游记》的翻译与诠释

本节主要探讨《徐霞客游记》的文本创作特征与副文本功能，分析其作为地理志与文学游记的双重属性。在此基础上，梳理《徐霞客游记》的海外英译史，揭示其从片段译介到全译研究的演变，并进一步对"大中华文库"版《徐霞客游记》的诠释特征进行归纳。最后，综合对比国内外译者的诠释路径及效果。

5.2.1 创作手法与副文本

1. 《徐霞客游记》创作手法特点

首先，该书文本将写实性叙事与动态摹写有效结合。作品以实地考察为基础，采用"审物求实"的观察方法，突破了传统游记的景物描写范式。徐霞客常通过动态视角记录地质形态与自然景观的瞬时变化，如对喀斯特地貌溶洞结构的细节刻画，运用拟人化修辞赋予静态景观生命感。这种"以动写静"的手法被学者视为"审美现象学方法的早期实践"，区别于同时代游记常见的比喻式静态描写。

其次，该书建构了跨学科文本。《徐霞客游记》文本交织地理学实证记录与文学性表达，形成独特的复合型叙事结构。从科学维度而言，该书系统记载水文、地貌、植被等数据，修正了《禹贡》等古籍中的地理谬误。在文学维度，它创造性地使用双音节复合词与地域方言词汇，如"石骨棱厉"、"洞天杳渺"等表述，既保持古汉语韵律又增强描述准确性。该书结合日记体与舆地志，既保留时间线性叙事，又融入方志的条目化特征，形成"时空双轴结构"。

此外，该书具有情景互渗的审美机制。在记录客观现象时，常通过"移步换景"的视角转换实现主客体交融。如《游黄山日记》中"下瞰峭壑阴森，枫松相间，五色纷披，灿若图绣"的描写，将视觉感知转化为色彩意象的审美重构，体现了"即目会心"的美学思维。文本融合游记散文的抒情传统，运用白描、比喻等修辞手法，如"石峰片片夹起，路宛转石间"（《游黄山日记》），赋予科学记录以审美意涵。整体上可见，徐霞客以

110

实地考察为基础，融合科学记录与诗意描写，形成"以实证为核，以文采为表"的独特风格，形成"以目验代传闻"的实证精神（李时人，2003）。

2. 《徐霞客游记》副文本特点

该书手稿中的批注、图例及后世整理者的序跋，构成"副文本网络"，既补充了历史语境，也塑造了文本权威性（Genette, 1997）。该书副文本具有多元构成的特点。

其一，该书副文本为多学科提供研究素材。文本中嵌入大量边疆民族志材料，包括西南土司制度运作、少数民族祭祀仪轨等，如记载大理三月街市集的场景，为明代边疆治理研究提供了第一手田野资料。徐霞客通过"具身性体验"实现了对自然美的本体论呈现。晚清刊本加入山水插图与行程路线图，以视觉符号补充文字描述（如 1883 年味腴书屋本），体现了"图文互释"的传播策略（Ward, 2001）。

其二，该书具备科考日志的副文本功能。书中日记录入天气变化、里程测算、补给状况等考察细节，形成"时空坐标矩阵"。这些看似琐碎的记录实为科学数据的载体，如通过连续九日降雨记录反推横断山脉雨季规律。清代考据学家对文本进行校注，如丁文江整理本，地理学术语考释与路线勘误强化了其科学权威性。

其三，伦理话语在书中体现出隐性在场的特点。文本中母亲赠"远游冠"的叙事母题反复出现，折射出士人"孝道"伦理与科学探索精神的张力。这种私人化表述成为理解晚明知识分子价值取向的重要副文本。（朱惠荣，1985）

5.2.2 海外英译史与传播

《徐霞客游记》海外英译和传播历史较长，受到传教士汉学家、科技史家、当代汉学家和翻译研究学者的关注。李林、李伟荣对该典籍的海外译介进行了梳理，指出早在 17 世纪中叶传教士可能就研读过《徐霞客游记》，李约瑟评价徐霞客为"最伟大的旅行家"，并认为徐霞客有三大方面的重要方面，特别是对多条重要江河的分类，例如确认了澜沧江和怒江是相互独立的河流（李林，李伟荣 2017：32-33）。整体而言，该典籍英译历程具有以下四个阶段的特点：

一、早期欧洲学术引介（17 世纪至 20 世纪初）

意大利耶稣会士卫匡国（Martino Martini）在 1655 年编纂《中国新图志》（Novus Atlas Sinensis）时，首次将《徐霞客游记》的地理考察成果引入西方学术视野（方豪 1948）。其著作中关于中国西南水系的地理描述，部分参考了徐霞客对长江、澜沧江 等河流的实地考察记录。此阶段传播特征表现为碎片化引用，尚未形成完整译本。20 世纪初，中国地质学教授丁文江（V. K. Ting，1887-1936）节译《江源考》等篇目，发 表在期刊 The New China Review 第 3 卷第 5 期（Ting 1921:325-337）。该阶段主要为 片段译介，引发了学者们的东方学兴趣。

二、20 世纪学术研究推动（1940-1980 年代）

徐霞客研究逐步开始进入国际汉学领域。美国匹茨堡大学的谢觉民（Chiao-min Hsieh）曾撰写《徐霞客：中国近代地理学的先驱》，发表于期刊 *Annals of the Association of American Geographers* 第 4 期（Hsieh 1958：73-82）。英国科学史家李约瑟（Joseph Needham）在《中国科学技术史》（1959）中高度评价徐霞客的科学贡献，称其通过实 证考察纠正了传统地理文献中"岷山导江"的谬误，并首次明确怒江与澜沧江为独立水 系。李约瑟的权威论述促使西方学界将《徐霞客游记》视为科学考察文献。密歇根大 学的张春树（Chang Chun-shu）也撰有相关论文和徐霞客研究评注书目（Chang 1968：23-46）。

20 世纪中叶，密西根大学的李祁（Li Chi，1902-1989）在大约 1953—1954 年左右 完成首个英文全译本，该英译本的的底本选取的是丁文江 1928 年整理本，随后以书名 *The Travel Diaries of Hsü Hsia-k'o*（1974）在香港中文大学出版社出版。该译本除共包 含《黄山》《庐山》《嵩山》《华山》《太和山》《五台山》《恒山》等在内的 14 篇 名山游记（李林，李伟荣 2017：34）。译本侧重地理学考据，附有喀斯特地貌专题研 究，被纳入东亚科学史课程书目。此外，相关海外研究主要涉及对《徐霞客游记》的摘译和节译，相关学者还包括 Yu Fangqin（1981），Richard E. Strassberg（1994）（参见王烟朦 2022：271）。以上译介活动不断推动译本从"科学文献"向"跨学科经典"的转向。该阶段，《徐霞客游记》海外传播呈现出学术性全译与学科化传播的特点。

三、系统性译介工程与当代跨学科研究（1990 年代至今）

在美国旧金山于 2000 年成立"美国徐霞客研究"（USA Xu Xiake Research Society），这对推动该典籍的海外研究与传播起到了积极效果。澳大利亚新南威尔士大学的学者郑怡对徐霞客进行过研究，发表过相关论文（Zheng 2014：31-45），考察了徐霞客的游记发生的历史背景以及经济、文化等在明朝的变化。爱丁堡大学的汪蹓廉（Julian Ward）在徐霞客研究方面颇有建树，著有《徐霞客（1587-1641）：游记写作的艺术》（Ward 2001）。2011 年，有中国学者卢长怀、贾秀海英译的《英译徐霞客游记》（汉英对照）图书由上海外语教育出版社出版，收录于《外教社中国文化汉外对照丛书》中，有利于该典籍的跨文化交流。该译本前言部分撰写了对《徐霞客游记》历史背景、原书作者、国内外译本的简要概述，选取了该典籍同行本中的 17 篇文本作为英译源文本，除了汉英对照的特色外，译文后还附上了注释，对人名、专有名称等进行了深度翻译和诠释，对读者了解该典籍的全貌而言具有积极作用。2015 年，James M. Hargett 对该典籍进行了节译，探讨了古代中国游记文本的历史与特点。

"大中华文库"工程启动该典籍的新译本问世，《徐霞客游记》译者包括朱惠荣、李伟荣、卢长怀等，英译本于 2016 年在湖南人民出版社出版，经过译者对丁文江本《徐霞客游记》、朱惠荣整理的《徐霞客游记》底本对比和考证，选择了 17 篇"名山游"作为中文源文本，很好地保留了及反映了该典籍在文学、史学、地理学、民族学等方面的"杰出成就"（李林,李伟荣 2017：37）。该英译本整体上采取学术型翻译策略，在保持文学性的同时增设地理坐标注释，如将"丹霞地貌"译为"Danxia landform"并辅以国际地质学界术语解释。此后，专题性译介深化，学者对《游九鲤湖日记》的译文采用文化负载词直译加文内阐释法，如将"午虹晴雨"译为"midday rainbow amidst misty drizzle"，通过意象重构传递审美意境。

数字化方面，部分机构推出"徐霞客旅行路线考察图集"①，辅以地图标定行程路线，实现"文本时空可视化"。数字化典藏项目推动文本跨界传播，图书馆在线档案库收录的徐霞客手稿摹本，为版本学研究提供新材料。

西方生态批评领域出现新动向，如学者从环境书写角度重读徐霞客游记，指出其喀斯特地貌记录包含早期生态意识。学术传播呈现多模态特征，相关研究机构举办的"前现代中国旅行书写"国际研讨会，设置徐霞客专题讨论其文本中的科学叙事与文学修辞张力。

综上可见，早期汉学家如翟理斯（Herbert Giles）在 19 世纪末仅摘译山水描写，服务于东方主义想象。20 世纪李约瑟（Joseph Needham）在《中国科学技术史》中引用其地质记录，推动科学价值认知。21 世纪全译本则系统呈现文本多维性。可以预见的是，《徐霞客游记》还将随着人工智能技术的不断发展得到更广泛的研究，它的诠释维度会得到持续拓展。

5.2.3 文库版《徐霞客游记》诠释特征

"大中华文库"版《徐霞客游记》英译本作为国家重大出版工程成果，其翻译策略与文本处理具有鲜明的学术性与实践价值，旨在系统翻译和推广中国古典文献，促进中国文化典籍的国际传播，《徐霞客游记》的英译工作具有重要的文化战略意义。

李伟荣、姜再吾和胡祎萌（2014）在《中国典籍翻译的实践及策略——以"大中华文库"版《徐霞客游记》英译的译审为例》一文中指出，翻译是继承中国优秀文化的一种途径和传播策略，也是翻译专业学生培养的重点内容。这一观点强调了"大中华文库"版《徐霞客游记》英译本在文化传播和人才培养方面的双重价值。相关诠释特征主要

---

① 褚绍唐主编，此图集为国家自然科学基金项目，共包括下图 45 幅、附图 25 幅、彩照 4 幅，末附"我国明代杰出的地划学家旅行家徐霞客"一文，总结他在学术上的成就，在线资源参见华东师范大学网页在线共享资源：https://lib.ecnu.edu.cn/msk/7a/a5/c39341a490149/page.htm[2025-05-06]

包括：

1. 语义分层转码策略

该译本采用意象具象化翻译法，将"石骨棱厉"译为"sharp-edged skeletal rocks protruding"，既保留"石骨"的隐喻意象，又通过地质学术语"skeletal structure"揭示其科学本质。在处理文化负载词时，对"丹霞"等专名采取音译（Danxia）加地质学解释（red sandstone landform），兼顾文化独特性与学术规范性。此外，译文还体现出韵律补偿机制。通过头韵，如"jagged rocks jutting skyward"再现原文四字格的节奏感，在散体译文中重构诗意效果。

对地理术语，如"喀斯特地貌"译为"karst topography"、历史专名，如"澜沧江"音译为"Lancang River"并附注"Mekong River"，及哲学概念，如"天人合一"译为"harmony between heaven and man"采用音译加注或释义性翻译，平衡文化专属性与目标读者的可接受性。这种策略既避免过度归化导致的语义损耗，又通过注释补充背景知识。以下结合具体汉英对照句子进行分析：

Example 1

ST: 游天台山日记——癸丑(万历四十一年，1613)之三月晦自宁海出西门。云散日朗，人意山光，俱有喜态。三十里，至梁隍山。闻此地於菟夹道，月伤数十人，遂止宿焉。四月初一日早雨。行十五里，路有歧，马首西向台山，天色渐霁。又十里，抵松门岭，山峻路滑，舍骑步行。自奉化来，虽越岭数重，皆循山麓；至此迂回临陟，俱在山脊。(徐霞客 2016: 2)

TT: Tiantai SHAN（Ⅰ）—**The Last Day of the 3rd Lunar Month, 1613 in Chinese Calendar**

We left Ninghai (XIAN)宁海(县) (县 XIAN, a county) by its west gate. It was a bright and sunny day which filled our happy mood with the cheerfully gleaming mountains. After thirty *li* 里(里 LI, a Chinese unit of length, is equal to 1/2 kilometer), we reached Lianghuang SHAN 梁皇山(山 SHAN, a mountain) and heard of news that tigers, running wild in the mountains, had killed scores of people in a month. Thus we stopped for the night there. The 1th Day of the 4th Lunar Month, 1613 in Chinese Calendar It rained in the morning, but we still set out. After fifteen *li* we came to a fork in the road where we directed our horses to the west which could lead to Tiantai SHAN 天台山. As we went on, the weather gradually cleared up. Ten more *li*, and we reached Songmen LING 松门岭 (岭 LING, a ridge)，where the mountain was steep and the road was slippery, so we went down from our horses and walked forward. Since I left Fenghua (XIAN) 奉化 (县) I had left behind several l mountains, but all the time I had been traveling at the foot of the mountains. Now I had to advance by a circuitous route on the ridges. (ibid: 3)

在翻译方法上，该英译本采用了多种策略以确保准确传达原文信息。对于具有中国特色的词汇，如"里""县""山""岭"等，采用了音译加注释的方式，像"里"翻译为"*li*"并注释"a Chinese unit of length, is equal to 1/2 kilometer"，"县"翻译为"xian"并标注"a county"等，这种方法既保留了中文的特色，又能让英文读者理解其确切含义。在处理日期时，也明确给出了农历日期的英文表述，如"The Last Day of the 3rd Lunar Month, 1613 in Chinese Calendar"，使读者能清晰知晓时间。对于原文中的关键地名，如"梁皇山""松门岭""天台山"等，同样采用音译加注释的方法，准确传达了原文的地理信息。此外，在一些表述上采用了意译，比如"云散日朗，人意山光，俱有喜态"翻译为"It was a bright and sunny day which filled our happy mood with the cheerfully gleaming mountains"，将原文所表达的愉悦氛围生动地展现出来。

从诠释特点来看，该译本注重对原文内容的详细解读和补充。在翻译过程中，不仅对一些专有名词进行注释，还对一些文化背景知识进行了适当的补充说明，帮助英文读者更好地理解原文。例如，在提到"tigers"时，补充说明了"running wild in the

116

mountains"，让读者更清楚老虎的情况。同时，对于原文中的行程描述，译文进行了较为细致的翻译，使读者能够清晰地了解作者的行程路线和途中的情况，如 "After fifteen li we came to a fork in the road where we directed our horses to the west which could lead to Tiantai SHAN"，将原文中行程的转折和方向准确地呈现出来。整体译文在忠实于原文的基础上，对一些内容进行了合理的拓展和诠释，以适应英文读者的阅读习惯和理解需求。

Example 2

ST: 游黄山日记——初二日自白岳下山，十里，循麓而西，抵南溪桥。渡大溪，循别溪，依山北行。十里，两山峭逼如门，溪为之束。越而下，平畴颇广。二十里，为猪坑。由小路登虎岭，路甚峻。十里，至岭。五里，越其麓。北望黄山诸峰，片片可掇。又三里，为古楼坳。溪甚阔，水涨无梁，木片弥布一溪，涉之甚难。二里，宿高桥。(徐霞客 2016: 62)

TT: Huang SHAN (I)—**The 2"d Day of the 2"d Lunar Month, 1616 in Chinese Calendar**

I went downhill from the top of Baiyue SHAN. After I walked ten *li* westward along the foot of the mountain, I reached Nanxi QIAO 南溪桥，After I crossed Da XI, I made my journey along Bie XI 别溪 and then northward as the mountain led. After another ten *li*, I saw two precipitous peaks adjacent to each other like a gate that curbed the flow of the stream. After I went past the peaks, a vast flat ground greeted my eyes. I continued my journey for twenty *li*, arriving at a place called Zhu KENG 猪坑(坑 KENG，a pit), where I began to ascend an extremely precipitous ridge called Hu LING 虎岭. After laboring my way for ten li I reached its peak, and another five *li* brought me down to its foot on the other side. I looked northward at Huang SHAN. It seemed as if all the peaks of it could be picked up like petals. After three more *li* I found myself in Gulou AO 古楼

坳（坳 AO, a ravine），where the stream widened and swelled with water. As there was no bridge but pieces of wood afloat all over the stream, it was difficult to wade through the stream on my bare feet. After two *li*, I stopped at Gaoqiao 高桥 for the night. (ibid: 63)

该译本在翻译方法上呈现出"时空坐标显化+地理信息分层"的鲜明特色。译者将农历日期转化为西方读者可理解的纪年方式（"The 2nd Day of the 2nd Lunar Month, 1616"），同时通过添加"in Chinese Calendar"保持文化特异性。对地名的处理采用"音译+意译+注释"的三重策略：如"南溪桥"保留拼音"Nanxi QIAO"后标注汉字，对"猪坑"不仅音译为"Zhu KENG"还补充"a pit"的释义，形成立体化的地理认知框架。尤其值得注意的是对里程描述的动态转化，将原文简略的"十里"等距离标记扩展为"After I walked ten li"的完整时空单元，通过现在分词结构(laboring my way)和完成时态(brought me down)再现行进过程的艰辛，使静态游记获得叙事动感。

在诠释特点方面，译本通过感官体验强化和修辞意象再造，实现了山水文学的诗性转换。将"两山峭逼如门"的比喻处理为"two precipitous peaks adjacent to each other like a gate"，用"adjacent"强化山体空间关系，"curbed the flow"的拟人化动词生动再现"溪为之束"的水文形态。对"片片可掇"这一独特审美体验的翻译颇为精妙："could be picked up like petals"中，"petals"的意象选择既保留原文"片"的视觉形态，又植入西方读者熟悉的自然审美元素。面对"木片弥布一溪"的涉水困境，译者添加原文隐性的"on my bare feet"细节，通过身体叙事增强场景真实感。最后将"宿"译为"stopped...for the night"，用短暂停驻的意境替代简单住宿行为，在功能对等中完成了古代文人行旅体验向现代深度旅行概念的跨时空对接。

Example 3

ST: 游庐日记——戊午(万历四十六年，1618)，余同兄雷门、白夫，以八月十八日至九江。易小舟，沿江南入龙开河，二十里，泊李裁缝堰。登陆，五里，过西林寺，至东林寺。寺当庐山之阴，南面庐山，北倚东林山。山不甚高，为庐之外廓。中有大溪，自东而西，驿路界其间，为九江之建昌孔道。寺前临溪，人门为虎溪桥，规模甚大，正殿夷毁，右为三笑堂。(徐霞客 2016: 114)

TT: Lu SHAN—The 18th Day of the 8th Lunar Month, 1618 in Chinese Calendar

I reached Jiu JIANG 九江 with my cousins Leimen 雷门 and Baifu 白夫. After changing to a boat, I continued my trip southward along 长江 Chang JIANG. Having covered twenty li on Longkai HE 龙开河 (河 HE，a river), I moored my boat to Li Caifeng YAN 李裁缝堰 (Li the Tailor's Weir; 堰 YAN，a weir), went ashore and walked five li past Xilin SI 西林寺 and then arrived at Donglin SI 东林寺 to the north of Lu SHAN 庐山. Therefore, it faced Lu SHAN in the south and neighbored on Donglin SHAN 东林山 in the north. It was not very high and served as a portal to Lu SHAN. Inside of it lay a big stream running from east to west. Across the stream was a post road, also a thoroughfare from Jiu JIANG to Jianchang 建昌. In front of Donglin SI was a creek. Upon entering the temple gate, I found the impressive Huxi QIAO 虎溪桥. The central halls lay in ruins from a fire. On the right was Sanxiao TANG 三笑堂. (ibid: 115)

在翻译方法上，此英译本综合运用了音译、注释和意译等多种手段。对于具有中国特色的地理名称，如"庐山""九江""长江""龙开河""东林寺"等，采用音译加注释的方式，如"庐山"译为"Lu SHAN"，"长江"译为"Chang JIANG"，让英文读者能准确识别这些专有名词。对于一些文化相关的单位和建筑，像"里""堰""寺""桥""堂"等，同样音译后加注释解释其含义，保证了文化信息的准确传递。同时，在一些表述上采用意译，例如"寺当庐山之阴，南面庐山，北倚东林山"翻译为"it faced Lu SHAN in the south and neighbored on Donglin SHAN in the north"，将原文的方位关系清晰地呈现出来。

从诠释特点来看，该译本注重对原文信息的详细解读和补充。在翻译过程中，不仅对地理名称和文化概念进行注释，还对一些原文中的背景信息进行了适当补充。如在介绍"李裁缝堰"时，注释为"Li the Tailor's Weir"，让读者能更好地理解其含义。对于寺庙的描述，译文详细说明了寺庙的位置、周边环境以及建筑现状等，如"寺前临溪，入门为虎溪桥，规模甚大，正殿夷毁，右为三笑堂"的翻译，使读者能清晰地构建出寺庙的场景，在忠实于原文的基础上，为英文读者提供了更丰富的信息，便于他们理解原文所描绘的内容。

2. 自然景观译介与诠释

译本注重汉语原文本的美学特质再现，尤其在处理叠词、联边词、拟声词等修辞手法时，通过英语对应词的选择实现情感与意境的跨语言传递。例如，针对原文中描述自然景观的叠词（如"潺潺""郁郁"），译者采用头韵或复合词结构，既保留音韵节奏，又兼顾意象的视觉化呈现。动词的翻译则强调动态细节，如"攀""涉"等动作词常以短语或分句结构细化，以体现徐霞客实地考察的精确性。

Example 4

ST: 游黄山日记——石峰**片片**夹起;路宛转石间，塞者凿之，陡者级之，断者架木通之，悬者植梯接之。下瞰峭壑阴森，枫松相间，五色纷披，灿若图绣。因念黄山当生平奇览，而有奇若此，前未一探，兹游快且愧矣! (徐霞客 2016: 140)

TT: The path was dug out through a blockade of rocks, with steps built in case the way was too steep, and a piece of log laid across in case there was a gap, and a ladder placed as a passage in case one part of the path rose too high above the other. Far down below was the eeriness of a steep ravine, with maples and pines mingling with one another, colorful, picturesque and effulgent like pieces of embroidery. I could not help thinking that Huang SHAN presented me with the most splendid spectacles ever seen, yet I had missed such fantastic views last time，and that my second visit to Huang SHAN indeed brought me a delightful remedy. (ibid: 141)

在翻译方法上，英译本灵活采用了多种策略。对于原文中描述道路状况的部分，译者运用意译的方法，将"塞者凿之，陡者级之，断者架木通之，悬者植梯接之"进行了生动的翻译，且详细地展现出道路修建的方式。对于具有中国特色的地理名称"黄山"，采用音译为"Huang SHAN"，既保留了原文特色，又便于英文读者识别，前后译法保持一致。

从诠释特点来看，该译本注重对原文意境的传达和内容的拓展。在描述景色时，将"下瞰峭壑阴森，枫松相间，五色纷披，灿若图绣"的翻译不仅准确描绘出景色的特征，还通过"eeriness""picturesque""effulgent"等词汇增强了画面感和感染力。在处理作者情感表达部分，译文对原文"兹游快且愧矣"进行了拓展诠释，让读者更能体会到作者复杂的心情。

Example 5

ST: 游九鲤湖日记——浙、闽之游旧矣。余志在蜀之峨眉、粤之桂林，及太华、恒岳诸山;若罗浮、衡岳，次也; 至越之五泄，闽之九漈，又次也。然蜀、广、关中，母老道远，未能卒游; 衡湘可以假道，不必专游。(徐霞客 2016: 156)

TT: Jiuli HU—My travel to Zhejiang (Province)浙江 and Fujian (Province)福建 had already been an experience of the past. Now my most desired destinations included E'mei SHAN 峨眉山 (E'mei Mountain) in Sichuan (Province)四川, Guilin 桂林 in Guangxi (Province)广西, Taihua SHAN 太华山 in Shaanxi (Province)陕西 and Heng SHAN 恒山 in Shanxi (Province) 山西, Luofu SHAN 罗浮山 in Guangdong (Province) 广东 and Heng SHAN 衡山 in Hunan (Province) 湖南 came second on my agenda. A visit to Wu XIE 五泄(Five-Cascade W aterfall) in Zhejiang Province or Jiu JI 九漈 (Nine-Cascade Waterfall) in Fujian Province was yet my next consideration. However, as Sichuan Province, Guangxi Province and the central Shaanxi plain were distant and as my mother already approached old age, I could not make the trip. Since I could pass

by Heng SHAN and Xiang JIANG 湘江(Xiangjiang River) in Hunan on my way to .
other destinations, I did not need to make a special trip. (ibid: 157)

在翻译方法上，此英译本主要采用了音译加注释以及意译相结合的方式。例如"峨眉山"译为"E'mei SHAN（E'mei Mountain)"。而对于一些表达，如"浙、闽之游旧矣"意译为"My travel to Zhejiang（Province）and Fujian（Province) had already been an experience of the past"，将原文的意思流畅地传达出来。

从诠释特点来看，该译本对原文进行了一定程度的简化和重点突出。原文中作者对不同旅游目的地有优先级的阐述，译文着重突出了作者渴望前往的目的地。这种处理方式使译文更聚焦于核心信息，便于英文读者快速抓住关键内容。

Example 6

ST: 游漓江日记——南过水月洞东，又南，雉山、穿山、斗鸡、刘仙、崖头诸山，皆从陆遍游者,惟斗鸡未到，今舟出斗鸡山东麓。(徐霞客 2016: 486)

TT: We headed south through the eastern side of Shuiyue DONG 水月洞, then farther south lay side by side the following mountains such as Zhi SHAN 雉山, Chuan SHAN 穿山，Douji SHAN 斗鸡山，Liuxian YAN 刘仙岩，and Yatou SHAN 崖头山 1 had been to all the places before, except Douji SHAN. (ibid: 487)

该译本在空间叙事转换上展现出动态路径显化+地理信息分层的翻译策略。译者将原文隐含的行进逻辑通过"headed south through"和"then farther south"的递进式连接词显性化，构建起清晰的移动轨迹。对于密集的山名列举，采用"such as"的例举结构和拼音转写与汉字并置的方式（如"Zhi SHAN 雉山"），既保留文化专有项的原始形态，又通过斜体和大写字母的排版处理形成视觉层级。特别值得注意的是对"皆从陆遍游者"的诠释转化：译为"I had been to all the places before"将文言文的概括性表述具体化为第一人称的旅行经历，通过完成时态强调游历的完整性，而"except"的转折则精准捕捉了原文"惟斗鸡未到"的遗憾语气，使历史游记具有现代旅行笔记的亲切感。

在文学性诠释方面，译本通过句式重构和情感投射实现了山水美学的跨文化传递。将静态的地理描述"雉山、穿山...诸山"转化为动态的存在句式"lay side by side the following mountains"，用"lay side by side"的拟人化表达再现群山的空间布局，赋予地理景观以生命质感。译本还特别注重保留原文的地名文化意象，如"斗鸡山"直译为"Douji SHAN（Fighting-Cock Mountain）"，在拼音基础上补充意译，使西方读者既能识别专名又能理解山形特征，体现了文化翻译中可读性与异质性的平衡艺术。

3. 文本深层结构再语境化

该译本重组了时空逻辑，将日记体原文改造为"地理发现—人文观察—哲学思考"的三元章节结构，如将《江右游日记》按水系流域重新划分子单元。译文充分采用互文性阐释，通过边注关联《禹贡》《水经注》等典籍，构建中国古代地理学话语网络，如比较徐霞客与郦道元对溶洞描述的异同。文中的叙事视角得到显化，添加"traveler's focalization"等副标题，引导读者注意徐霞客观察视角从"审美凝视"到"科学测量"的转换过程。

Example 7

ST: 游七星岩日记——花桥东涯有小石突临桥端，修溪缀村，东往殊逗人心目。山崿花桥东北，其嵯峨之势，反不若东南夹道之峰，而七星岩即崿焉，其去浮桥共里余耳。岩西向，其下有寿佛寺，即从寺左登山。先有亭翼然迎客，名曰摘星，则曹能始所构而书之。其上有崖横骞，仅可置足，然俯瞰城堞西山，则甚畅也。(徐霞客 2016: 460)

TT: Qixing YAN—On the east side of Hua QIAO was a protruding cliff with a stream under it winding its way eastward around the village, which was increasingly impressive. A jagged mountain stood northeast of Hua QIAO, but it was not as craggy as those in the southeast, lining both sides of the road, where towered aloft Qixing YAN 七星岩(a crag with seven hills, looking like seven stars), about more than one *li* away from Fu QIAO 浮桥. The cave of it faced westward, below which was Shoufo SI 寿佛寺 (Tewple of the Buddha of Longevity), from the left of which we climbed at once. We first caught sight of Zhaixing TING 摘星亭 (a pavilion where people thought it was as high as they could pluck the stars), a pavilion with overhanging eaves，looking like it welcoming the guests with the arms wide open. Cao Nengshi built it and inscribed the pavilion's name. There was a steep cliff above it - so narrow so that we could only set our feet on it , though it was pleasing for us to enjoy watching Xi SHAN 西山 the most, down below. (ibid: 461)

在翻译方法上，该英译本综合运用了音译、注释和意译等多种手段。对于具有中国特色的地理名称和建筑名称，如"花桥""七星岩""浮桥""寿佛寺""摘星亭"等，采用音译加英文注释的方式，让英文读者能够准确理解其含义，例如"七星岩"译为"Qixing YAN (a crag with seven hills, looking like seven stars)"。在描述景色和场景时，运用意译的方法将原文生动地展现出来，如"花桥东涯有小石突临桥端，修溪缀村，东往殊逗人心目"采用意译法，使译文更符合英文的表达习惯。

从诠释特点来看，译本对原文进行了较为细致的解读和拓展。在介绍建筑时，不仅翻译其名称，还对建筑的特点和背景进行了补充说明，如 "摘星亭" 注释为 "a pavilion where people thought it was as high as they could pluck the stars" ，并说明了是"曹能始所构而书之"。对于景色的描述也进行了适当的渲染，如"其上有崖横骞，仅可置足，然俯瞰城堞西山，则甚畅也"翻译后，强调了俯瞰西山时给人的愉悦感受，让英文读者能更好地体会到原文所描绘的意境和氛围。

Example 8

ST: 游白水河瀑布——又西二里，遥闻**水声轰轰**，从陇隙北望，忽有水自东北

124

山腋泻崖而下，捣入重渊，但见其上横白阔数丈，**翻空涌雪**，而不见其下截，盖为对崖所隔也。(徐霞客 2016: 518)

TT: The Waterfall in Baishui HE—After two *li* westwards, **I heard the rumbling of the streams far away**. Looking from the gap of the hill at the north, I saw the water splashing down from the northeast part of the hill onto the cliff, pounding into the deep abyss. I only saw the upper half stream of the white water, with its width of a few *zhang*, **like the glowing snowflakes flying in the air**, and I couldn't see its lower half ，because the opposite cliff blocked my view. (ibid: 519)

该译本在感官体验的传递上展现出声景重构+视觉层次分解的翻译特色。译者将"水声轰轰"转化为"the rumbling of the streams"，通过拟声词"rumbling"强化瀑布的听觉震撼，添加"far away"的空间状语再现"遥闻"的声波传递过程。对于瀑布的动态描写，采用现在分词链式结构("splashing down...pounding into")，以英语的时态优势还原徐霞客目击瀑布的即时性体验。特别值得注意的是对"横白阔数丈，翻空涌雪"的意象转化：译为"the upper half stream of the white water...like the glowing snowflakes flying in the air"，用"glowing"对应"白"的光感，"snowflakes flying"再现"涌雪"的动态美，通过明喻手法将东方审美意象自然融入西方自然文学传统。

在空间叙事方面，译本通过视角转换和因果显化实现了山水观察的科学性转码。将"从陇隙北望"处理为"Looking from the gap of the hill at the north"，以现在分词结构锁定观察者站位，精确传递地理勘测的视角信息。对"不见其下截"的诠释尤为精当：译为"I couldn't see its lower half"后，补充原因状语从句"because the opposite cliff blocked my view"，将原文隐含的地形遮挡关系显性化，符合科学考察报告的表述规范。度量衡单位"丈"保留为"*zhang*"但辅以解释性短语"with its width of a few *zhang*"，在文化专有项与可读性之间取得平衡。最终通过"the upper/lower half"的二分法解剖瀑布景观，将中国古代的文学化山水描写转化为符合现代地理学认知的层次化观察记录，体现了科学游记翻译中文学性与实证性的有机统一。

4. 正、副文本系统化建构科学阐释框架

整体而言，在文库版诠释特征中，译者通过添加汉字以及拼音等文内注释，强化了科学性与可读性。文中加入了徐霞客人像图（见图5-3），拉进阅读距离。译文采用"文白相济"策略，如将"嶙峋"译为"jagged rocks"兼顾意象与精确性，而篇目结构上则通过章节重组凸显逻辑连贯性，体现了"深度编译"与"文化调适"的平衡。该译本通过上述策略，实现了科学文本的严谨性与文学美学的平衡，在保持文化本真性的同时，成功实现了从奇观化中国到知识化中国的叙事转型，成为跨文化诠释的重要案例，为翻译学领域提供了可资借鉴的实践路径。

徐霞客（1587 – 1641）
Xu Xiake（1587 – 1641）

图5-3 "大中华文库"版《徐霞客游记》所附徐霞客人像图（徐霞客 2016: 1）

5.2.4 国内外译者诠释路径对比

《徐霞客游记》的语言特点鲜明，具有较高的文学性和艺术性。在翻译过程中，译者需要处理多种语言现象，包括古典汉语的表达方式、修辞手法和文学风格等。作为一部具有丰富文化内涵的古典文献，其英译过程涉及大量的文化传递和跨文化传播问题。在翻译《徐霞客游记》之前，选择合适的版本是确保翻译质量的关键步骤。中国典籍翻译需要考虑文化差异和跨文化理解的问题，译者需要在翻译过程中采取适当的策略，例如平衡好"准确性"、"可读性"和"创造性"（卢长怀 2014：862），帮助英语读者理解中国传统文化的内涵。

"大中华文库"版《徐霞客游记》选择了一个较为权威的版本作为翻译基础，这一选择保证了翻译内容的准确性和权威性。英译本选用国内著名徐学专家朱惠荣译注的《徐霞客游记》为底本。该版本的精选本 2009 年由中华书局出版，属于中华书局"中华精华藏书"系列。

在翻译过程中，译者需要对原文进行深入理解，同时考虑目标读者的文化背景和阅读习惯，确保翻译既忠实于原文，又能够被英语读者所接受。在"大中华文库"版英译过程中，译者采用了多种翻译技巧来处理语言转换问题。例如，对于原文中的比喻、象征等修辞手法，译者采用了意译的方式，保留了原文的修辞效果；对于原文中的典故和引用，译者则通过添加注释来帮助读者理解其文化背景和意义。在此过程中，译者采取了多种策略来处理文化传递问题。一方面，译者通过添加注释和解释，帮助英语读者理解中国传统文化的背景和内涵；另一方面，译者在语言表达上也做出了适当调整，使翻译更加符合英语读者的阅读习惯和文化背景。

在"大中华文库"版《徐霞客游记》英译本的出版过程中，译本的审校工作是确保翻译质量的重要环节。译本审校的具体内容和方法，包括语言表达、文化传递、注释说明等多个方面。通过严格的审校过程，译本在语言准确性和文化传递方面达到了较高的水平，为读者提供了高质量的翻译文本。

整体而言，文库版译本选择了一个较为权威的原文版本作为翻译基础，确保了翻译内容的准确性和权威性；其次，该译本在翻译过程中充分考虑了文化传递和跨文化传播的问题，采取了适当的策略来帮助英语读者理解中国传统文化的内涵；再次，该译本在语言转换和翻译技巧上也做出了精心的处理，保留了原文的语言特点和文学风格；最后，该译本在注释和说明方面也较为丰富，为读者提供了大量的背景信息和文化解释。

在诠释路径对比中，文库版强调"文化主体性"，如将"龙湫"直译为"Dragon Pool"并附注神话背景，而海外译者多采用归化策略，如米歇尔·康纳（Michel Conan）译为"sacred waterfall"弱化文化负载词。版本选择是翻译工作的重要环节，不同版本之间存在差异，选择合适的版本对翻译质量有直接影响。翻译过程中需要充分考虑原文的语言特点和文学风格，采取适当的翻译技巧来保留原文的风貌。

"大中华文库"版《徐霞客游记》英译本的出版具有重要的学术价值和文化影响。首先，该译本为英语读者提供了了解中国古典游记文学和徐霞客其人的窗口，有助于促进中西文化交流和相互理解。其次，该译本在翻译理论和实践中也具有重要的参考价值，为后续中国典籍的英译工作提供了有益的借鉴。在学术研究方面，"大中华文库"版《徐霞客游记》英译本已经引起了学术界的关注。该译本的翻译实践和策略对于中国典籍翻译研究具有重要的参考价值，可以为翻译理论和实践的发展提供新的视角和思路。

5.3 本章小结

第 5 章以《天工开物》与《徐霞客游记》为研究对象，延续第四章以《孙子兵法》《梦溪笔谈》为个案的对比分析框架，通过工艺科技典籍与地理考察文献的交叉互鉴，深化中国典籍译介与诠释规律的探索。本章在保持"文本内容—翻译史—文库特征—诠释对比"四维分析体系的同时，着重强化了跨学科诠释路径的对比研究，形成与前一章军事哲学与综合科技典籍的学术对话。

在文本特征层面，《天工开物》的工艺流程图解与《徐霞客游记》的实证考察记录，共同构建起中国古代科技文本"经世致用"的书写范式。前者通过"物器相生"的工艺叙事，后者采用"知行合一"的地理实证，二者在英译过程中均面临技术术语体系化与认知框架转化的双重挑战。相较于第四章《孙子兵法》的隐喻系统解析与《梦溪笔谈》的百科全书式注疏，本案例更凸显科技典籍特有的物质文化转译特征。

翻译史研究揭示出历时性诠释差异。《天工开物》的西方接受经历了从猎奇式片段译介（19世纪传教士译本）到系统性技术还原（李约瑟学派译本）的转变；《徐霞客游记》则从早期地质样本采集式的节译，发展为融合科学考据与文学审美的全译本。这种诠释路径的演变，与第四章《孙子兵法》从军事战略到管理哲学的诠释转向形成跨文本呼应，共同印证中国典籍海外传播的"认知层累"现象。

文库版典籍的比较研究发现，大中华文库本《天工开物》通过三维复原油墨图、工艺复原注释等技术，构建起"物质文化在场"的诠释范式；而《徐霞客游记》文库本则通过古今地名对照、科考路线动态示意图，实现时空维度的双重还原。相较于第四章案例中《孙子兵法》战略思维可视化诠释与《梦溪笔谈》跨学科知识图谱构建，本组案例更强调技术实体与地理空间的重构逻辑。

在译者诠释路径方面，国内译者侧重技术传承谱系与工艺哲学阐释，如《天工开物》译注对"天工"与"开物"概念的形而上解读；海外译者则多采用人类学田野调查方法，注重工艺技术与社会形态的关联性诠释。这种诠释差异与第四章中《孙子兵法》的"战略哲学普适化"与"军事文化特异性"译介之争形成理论对话，共同揭示出典籍翻译中文化主体性与可通约性的动态平衡机制。

两章案例的并置研究证实了科技典籍的跨文化诠释需突破"技术移植"的简单认知，而应着眼于知识生产方式的系统性转译。从《孙子兵法》的谋略思维到《天工开物》的造物智慧，中国典籍的海外传播实质是认知范式与价值体系的对话过程。本研究为破解"可译性/不可译性"悖论提供了新的分析框架，也为全球科技史视域下的中国知识体系重构提供了方法论参照。

第 6 章 中国科技典籍释译特征与译介对策

第六章围绕中国科技典籍译介的核心特征与跨文化启示展开系统性探讨。首先，本章从文本层面切入，6.1 小节主要分析科技典籍译本的共性特征，着重考察其文本类型对比、知识体系的逻辑重构、术语翻译的标准化程度以及图文互释的呈现方式。6.2 小节对比国内译本，6.3 小节分析海外译本的诠释差异，指出国内译注多侧重文本考据与义理阐释，而海外译本则更注重科技原理的普适性解读，这种诠释取向的分野折射出不同文化语境下接受主体对科技遗产的价值认知差异。这些探讨为构建切实的科技典籍译介模式、推动中华科技文明的世界性对话提供了理论依据与实践。

6.1 科技典籍译本文本特征及释译比较

本节主要从文本类型对比、翻译策略异同、文化负载词诠释三个方面进行分析和探讨，揭示古代科技知识在现代转译中的文本转换规律。

6.1.1 文本类型与特征对比

《孙子兵法》属于军事理论文本，以逻辑严密、简练抽象的军事策略为核心，文本高度凝练，多为如"兵者，诡道也"等的原则性论述，结构以"十三篇"分主题递进，强调哲理性与普适性。与其他三部相比，其文本最抽象，缺乏具体技术细节，需通过如"水形兵势"的隐喻实现跨文化阐释。

《梦溪笔谈》为百科全书式笔记，其内容涵盖天文、数学、医药等多元领域，文本呈现碎片化条目式结构，共 600 余条，注重实证记录，例如对活字印刷术的流程描述，兼具科学性与文学性。与《天工开物》的系统性不同，其条目间逻辑关联较弱，但比《徐霞客游记》更具学科交叉性。

《天工开物》被视为是技术工艺指南。该书以 18 个生产领域为纲，例如"乃粒""冶铸"，采用"总论—分述—图解"三级结构，语言平实直白，配以 123 幅木刻插图，包括如提花机结构图等，强调操作可复现性。与《徐霞客游记》的线性叙事不同，其文本高度结构化；插图比例远超其他三部，技术术语密集。

《徐霞客游记》为地理考察实录。该典籍以日记体记录地貌、水文等观察数据，例如喀斯特地貌坐标，融入个人经历与文学描写，例如"峰峰倒插于中，如青莲出水"），兼具科学数据和游记文学双重属性。它是唯一采用时空线性叙事的文本，描述性语言占比最高，技术信息隐含于叙事中。

具体而言，对这四部典籍的文本类型与特征进行对比总结，如下表 6-1 所示：

表 6-1 四部科技典籍文本类型与特征进行对比

典籍	文本类型	内容结构	语言风格	关键特点
《孙子兵法》	军事理论	十三篇分主题递进	逻辑严密、简练抽象	高度凝练、原则性论述、哲理性、普适性、抽象、缺乏具体技术细节、跨文化隐喻
《梦溪笔谈》	百科全书式笔记	碎片化条目式（600 余条）	注重实证记录、兼具科学性与文学性	多元领域、实证记录、条目间逻辑关联弱、学科交叉性强
《天工开物》	技术工艺指南	总论-分述-图解（18 个生产领域）	平实直白	高度结构化、操作可复现性、大量插图（123 幅）、技术术语密集
《徐霞客游记》	地理考察实录	日记体（时空线性叙事）	描述性语言为主，融入文学描写	线性叙事、科学数据与游记文学双重属性、描述性语言占比高、技术信息隐含于叙事

在文本类型上，四部典籍分属不同类型，分别是军事理论、百科全书式笔记、技术工艺指南和地理考察实录。在内容结构方面，《孙子兵法》结构最为严谨，采用分主题递进的方式。《梦溪笔谈》结构最为松散，呈现碎片化的条目式结构。《天工开物》结构高度系统化，采用总论-分述-图解的三级结构。《徐霞客游记》采用独特的日记体，以时空线性叙事。

就语言风格而言，《孙子兵法》语言最为抽象，强调哲理性。《梦溪笔谈》语言注重实证，兼具科学性和文学性。《天工开物》语言平实直白，强调可操作性。《徐霞客游记》语言以描述性为主，融入文学描写。每部典籍都有其独特的关键特点，例如《孙子兵法》的抽象性和普适性，《梦溪笔谈》的学科交叉性，《天工开物》的操作可复现性和大量插图，《徐霞客游记》的线性叙事和双重属性。

这四部典籍在文本类型、内容结构、语言风格和关键特点上有显著差异，但也有相似之处。这四部典籍在文本类型上都属于非虚构类文本，具有实用性和指导性。尽管侧重点不同，但它们都服务于现实需求，或指导军事实践（《孙子兵法》），或记录科技成就（《梦溪笔谈》），或指导生产实践（《天工开物》），或记录地理信息（《徐霞客游记》），都具有不同程度的实用性和指导性。

在内容结构上都采用了分门别类的方式组织内容，并注重逻辑性和条理性，方便读者理解和查阅。在语言风格上都使用了文言文，力求准确、精炼，并体现了中国古代的语言审美。四部典籍的语言都体现了中国古代的语言审美，例如对仗、排比、比喻等修辞手法的运用，使得文本不仅具有实用价值，也具有一定的文学美感。

总而言之，这些相似与差异之处反映了中国古代知识传承的共性和特点。

6.1.2 翻译策略与方法异同

一、技术名词的翻译标准化

《孙子兵法》属于军事理论文本，以逻辑严密、简练抽象的军事策略为核心，文本高度凝练，多为原则性论述，如"兵者，诡道也"，结构以"十三篇"分主题递进，强调哲理性与普适性。其抽象概念较多，缺乏具体技术细节，需通过隐喻（如"水形兵势"）实现跨文化阐释。这类抽象概念在翻译时较难找到完全对等的表达，不同的译者可能根据自身的理解和文化背景给出不同的译法，所以标准化程度相对较低。

在《梦溪笔谈》技术名词翻译标准化方面，该典籍内容学科跨度大，涵盖天文、数学、地质、物理、生物、工程技术、医药、艺术等领域的观察与发明，兼具科学性与人文性。技术术语类型包括，具体技术操作（如"活字印刷术""磁针指南法"）；自然现象描述（如"雁荡山流水侵蚀地貌"）；抽象科学原理（如"隙积术""会圆术"等数学算法）。翻译难点与术语标准化程度见下表6-2。

表6-2 《梦溪笔谈》翻译难点与术语标准化程度表

术语类别	标准化程度	举例与译法
具体技术名词	较高	活字印刷术：Movable-type printing（广泛接受）
		指南针：Compass（通用译法）
科学原理与算法	中等偏低	隙积术：多译为 "interstitial accumulation method"（需加注释说明为高阶等差数列算法）
		会圆术：译为 "circular arc calculation"（学界尚未完全统一）
自然现象描述	中等	流水侵蚀地貌：Fluvial erosion landform（地质学术语标准化程度高）
		石油命名：书中首次提出"石油"一词，译为 "rock oil"（后演变为 "petroleum"，需结合历史背景）

术语类别	标准化程度	举例与译法
文化特有概念	较低	制图六体：需解释性翻译，如"six principles of cartography"（裴秀理论，不同译本可能调整措辞）

《天工开物》作为技术工艺指南，以18个生产领域为纲，如"乃粒""冶铸"，采用"总论-分述-图解"三级结构，语言平实直白，并配有123幅木刻插图（包括提花机结构图等），强调操作可复现性。其技术名词相对较为具体明确，标准化程度可能较高。因为这些技术名词指向实际的生产工艺、工具和操作流程，在翻译时能够依据具体的实物和操作进行准确对应，有相对固定的译法，便于形成统一的标准。

《徐霞客游记》以地理、地质考察为核心，包含大量地形地貌描述（如喀斯特地貌、溶洞结构）、水文特征（如河流走向、瀑布形态）及古代测量方法（如步测、目测）。其技术名词的翻译标准化程度介于《天工开物》与《孙子兵法》之间，具体表现如下：

1. 标准化程度较高的领域

关于地质学术语，书中对喀斯特地貌（karst landform）、溶洞（karst cave）、钟乳石（stalactite）等描述，已有现代地质学对应的标准译法，翻译争议较少。例如，"石笋"译为"stone bamboo shoots"（早期直译）或"stalagmite"（现代标准术语）。"峰林"可译为"peak cluster"（学术通用）或保留音译"fenglin"（需加注说明）。

关于地理方位与测量，如"里"（Chinese mile，约500米）、"步测"（pedometric measurement）等古代度量单位，通常通过注释或换算为现代单位（如"1 li ≈ 0.5 km"）实现标准化。

2. 标准化可能差异较大的领域

在古代特有名称方面，书中大量未命名的自然景观（如"某山某洞"）或地方俗称

（如"龙脊梯田"译为"Dragon's Backbone Terraces"），需结合音译与意译，译法可能不统一。例如，"丹霞地貌"早期直译为"red cliff landform"，现多采用音译"Danxia landform"并标注为世界自然遗产术语。在非技术性描述时，徐霞客对自然景观的诗意比喻（如"山如碧玉簪"）涉及文化意象，翻译时需平衡文学性与准确性，不同译者风格差异显著。

3. 翻译策略与案例

采用音译加注，对特有文化概念（如"风水"译为"feng shui"）或未标准化术语，通过音译并辅以注释（如"fenglin: a type of karst peak cluster"）。结合现代术语，对科学价值较高的描述（如溶洞分层结构），优先使用现代地质学术语（如"speleothem"代替"石钟乳"）。学术译本具有差异，李约瑟（Joseph Needham）在《中国科学技术史》中引用《徐霞客游记》时强调技术性，而文学译本（如翟林奈译本）则更注重语言美感。

整体而言，技术名词翻译的标准化程度与其内容的科学性和文学性相关。在相关对外译介实践时，学术翻译可优先采用学科标准术语，文学翻译可适度保留文化意象，并辅以解释性注释。

二、典籍英译图文关系处理

图文协同翻译揭示了中国古代科技文献外译的核心命题，暨如何在跨文化语境中重构"技术-图像-文本"的知识体系。这不仅是语言转换，更是一场科技文明的可视化重述。

科技典籍英译中的图文关系处理具有独特的跨文化、跨媒介挑战，尤其是《天工开物》这类以"图说技术"为核心的中国古代科技经典。以下结合《天工开物》插图和文字的协同翻译特点展开分析：

1. 科技典籍图文协同翻译的核心特点

中国古代技术图谱（如《天工开物》132幅插图）不仅是文字描述的补充，更是技术流程的视觉化叙事。英译时需实现"技术逻辑可视化"，例如《乃粒》篇中"水转翻车"插图需与文字中齿轮传动、水力驱动的力学描述形成精准对应，避免出现"图说分离"的误读，实现"图—文—技"三位一体特点。

文化意象的符号需要转译，如《冶铸》篇的"鼎炉"这类插图中的器物形制，《粹精》的脚踏碓具等操作场景，承载着中国古代工匠文化的隐喻。译者需在保留器物物理特征的同时，通过注释或术语表说明其文化象征，例如"鼎"既是熔炉，又是礼器。

文字中"尺"、"斤"的尺寸单位，以及包括如"一炉容铜二万余斤"等比例关系，需与插图中的空间布局、结构比例协同转换。李约瑟在《中国科学技术史》中采用"公制换算+原单位标注"（如"1 chi ≈ 32 cm"），既保留原貌又便于理解，进行技术参数进行跨模态对齐。

2. 《天工开物》图文协同翻译的独特性

《丹青》篇中"松烟制墨"流程包含砍松、烧窑、收烟等 12 道工序插图和分段文字，译者需通过流程图重构（如标注 Step 1-12 并匹配插图节点），弥补线性文字与并行工序的认知差异，实现"生产链"图示的动态还原。

机械原理的跨语言解构，以《锤锻》篇"木风箱"为例，原文用"风门""活扇"等术语描述双动式活塞结构，而插图仅展示外部构造。英译时需借助三维剖面图补充，如增绘内部气流方向箭头，并对应术语如"double-acting piston bellows"，实现原理透解。

生态智慧的视觉传达，《膏液》篇榨油插图中的人力协作、杠杆力学与文字中的"榨法""火候"等经验性描述，共同构成"人-器-自然"的生态技术观。译者需通过图文并置注释，如标注杠杆支点、压力传导路径，以揭示中国古代"天人合一"的技术哲学。

3. 典型案例分析：《乃服》篇"花机"译解

原文描述为"花机通身长一**丈**六**尺**，隆起**花楼**，中托衢盘，下垂**衢脚**……"，其中的插图特征展现了提花织机的分层结构（花楼、经线、衢盘）。相关协同翻译策略可采用：

① 插图标注英文部件名（如"Hualou: Pattern tower"）；

② 文字补充原理说明（"衢脚通过绳索联动控制经线升降"）；

③ 附技术参数表（将"丈""尺"转换为国际单位并保留原值）。

这种处理既保留了原图的技术精确性，又通过多模态互补消解了古代术语的认知隔阂。

这对当代翻译提供了启示，可进一步利用 AR 技术实现插图动态演示（如扫描插图触发 3D 模型旋转），增强技术流程的沉浸式理解，进行数字赋能。通过建立《天工开物》技术术语中英对照数据库，如"缫车→Silk reeling machine"，推动翻译标准化，共建术语库。译者需与科技史学者、工程师合作，确保图文转换的技术准确性，如明代冶金插图与现代冶金学原理的对照验证，实现跨学科协作。

三、科技典籍翻译中的问题适应性

科技典籍亦兼具科学性与文学性。其翻译需在准确传递科技知识的同时，兼顾原文的文体风格。在翻译过程中，文体适应性体现为译者对原文语体特征的把握，以及根据目标语读者需求进行的动态调整。例如，《徐霞客游记》融合了地理考察的精确性与文学描写的生动性，而《孙子兵法》则以凝练的军事论述和修辞策略为特点。译者在处理此类文本时，需在直译与意译之间寻求平衡，以适应不同文体的表达需求。

1. 《徐霞客游记》的文学性与科学性的平衡

《徐霞客游记》作为中国古代地理学与文学结合的典范，其翻译需兼顾科学描述的准确性与文学表达的审美性。在英译过程中，如地貌名称、水文数据等科学术语，多采用直译或标准化译法，以确保信息的精确性；而如山水景致的比喻、排比句式的文学性描写，则需灵活运用归化策略，以符合目标语的审美习惯。例如，原文中"峰峦叠嶂，如剑插天"的比喻，在译文中可调整为"peaks towering like swords piercing the sky"，既保留意象，又符合英语表达习惯。这种适应性调整体现了科技典籍翻译中"科学性优先，文学性兼顾"的原则。

2. 《孙子兵法》的文体适应性及其翻译策略

《孙子兵法》的文体特征表现为高度凝练的军事论述与修辞手法，包括对偶、排比的运用。在翻译中，其适应性体现为对文言文精简风格的再现与目标语可读性的平衡。例如，理雅各（James Legge）的译本倾向于直译，保留原文的简练风格，但可能牺牲部分流畅性；而格里菲斯（Samuel Griffith）的译本则通过增补逻辑连接词和解释性内容，增强文本的可读性。这种差异反映了译者对文体适应性的不同处理，前者注重源语文体特征的移植，后者更强调目标语读者的接受效果。

3. 科技典籍翻译的文本转换规律

综合上述案例，科技典籍翻译的文体适应性可归纳为以下规律。（1）术语翻译需遵循学科规范，避免文学化改写导致信息失真，优先科学文本的准确性。（2）修辞、句式等可根据目标语习惯进行适度归化，但需保留核心文化意象，动态调整文学元素。（3）针对不同读者群体（如学术研究者或大众读者），可采用学术化或通俗化译法，实现目标语导向的文体选择。

以《天工开物》为例，其技术描述部分多采用英语被动语态与名词化结构以体现客观性，而文学性序言则需通过英文句式重构传递原文的典雅风格。这种差异化的处理方式，正是文体适应性在科技典籍翻译中的具体实践。

可见，科技典籍的翻译不仅是语言的转换，更是文体的适应性重构。译者需在科学精确性与文学审美性之间建立动态平衡，同时根据目标语的文化语境调整策略。通过对《徐霞客游记》和《孙子兵法》译本的对比可见，成功的科技典籍翻译既需尊重源文的复合文体特征，也需立足目标语的接受效度，从而实现古代科技知识的有效转译与传播。

6.1.3 文化负载词的释译

科技典籍不仅承载古代科学技术知识，还蕴含丰富的文化哲学概念，如《孙子兵法》中的"势""形"、《天工开物》中的技术专名、《梦溪笔谈》中的天文历算术语等。这些文化负载词（culture-loaded terms）的翻译涉及语言转换与文化适应双重问题，需在准确传递科技内涵的同时，兼顾其历史文化背景

一、科技典籍文化负载词的特征与翻译挑战

在跨文化译介过程中，译者通常面临以下挑战：哲学概念的抽象性（如"势"兼具军事态势与自然哲学含义）；技术术语的历史演变（如古代天文概念与现代科学体系的对应）；文化意象的缺失或错位（如"五行"在西方科学框架中的不可通约性）。

具体而言，哲学概念的跨文化诠释可嵌入历史背景。《孙子兵法》中的核心概念"势"（strategic advantage/power）和"形"（formation/disposition）具有深厚的中国哲学背景，其翻译需结合军事理论与道家思想。不同译者采取了不同策略。（1）音译+注释：如 Lionel Giles 将"势"译为"*shi* (strategic configuration)"，保留源语文化色彩，但依赖注释解释。（2）概念对等：Samuel Griffith 译"势"为"momentum"，强调动态军事力量，但弱化了其哲学内涵。（3）文化适应：Ames & Rosemont 采用"strategic positioning"译"形"，既符合军事语境，又隐含道家"因势利导"思想。

此类翻译表明，哲学概念的转换需在历史背景嵌入与目标语可读性之间寻求平衡，部分译者通过"深度翻译"（Appiah 1993）补充文化注释，以弥补语义流失。

二、跨文化转化中科学术语的译介方案

《梦溪笔谈》中如"浑天说""岁差"等天文历算术语，因涉及古代中国独特的宇宙观，其翻译常引发争议。

首先是直译与意译的选择与区别。"浑天说"直译为"*Huntian* theory"可能造成理解障碍，故部分学者主张意译为"celestial sphere theory"，一些现代译者意译为"Chinese geocentric theory"，虽提升可读性，但掩盖了其"浑仪"观测仪器的独特性，可能模糊其与西方"天球说"的差异。此外，"岁差"（precession of the equinoxes）因与现代天文学概念部分重合，多采用术语对等，但需说明中国古代测算方法的特殊性。

其次为文化补偿策略。李约瑟（Joseph Needham）在《中国科学技术史》中采用"音译+长篇考据"的方式，确保文化背景的完整传递。此外，《天工开物》中的技术词，如"连机碓"译为"tilt-hammer"，更多是依赖类比译法，通过西方已有工具名称进行近似转换，但可能未译介其独特机械结构，这是早期译本的直译，借西方工具名类比，但忽略其连杆结构，当代学术译本采用"hydraulic trip-hammer"，通过复合词精确描述机械原理，辅以插图还原技术细节。

《徐霞客游记》的地貌术语中富含文化负载词。徐霞客对喀斯特地貌的早期描述（如"石山""洞穴"）涉及中国古代地理认知体系。译者需处理两类文化负载词，一是科学描述词，如"丹霞"直译为"*Danxia* landform"，后经国际地质学界采纳为正式术语，体现"以我为主"的文化输出策略；二是人文景观词，如"龙湫"（瀑布）译为"dragon pool"，保留"龙"的文化意象，但需加注说明其象征意义，如"龙"在中国文化中的水神信仰。

三、科技典籍文化负载词的转换规律

综合上述案例，科技典籍文化负载词的翻译可归纳为以下规律。

（1）分层处理策略。1）哲学概念：可使用音译+注释（如"qi"），以及文化适应方法，如"势"译为"strategic power"。2）技术术语：可采用术语对等和功能类比，如"连机碓"直译为"tilt-hammer"。

（2）历史语境显化。通过副文本（序言、注释、附录）补充文化背景，如《孙子兵法》译本中的道家思想解析。另外，文学性文化负载词处理需要翻译技巧，例如徐霞客对自然景观的文学化描述，如"烟霞之胜""峰回路转"等，需平衡诗性语言与地理信息的传递，可采用意象直译+文化注释，如"烟霞"译为"mist and glow"，注释补充其在中国山水画中的美学意涵。Julian Ward 的《徐霞客游记》译本增设附录，通过深度翻译，解析徐霞客笔下的"游观"传统与士人文化。

（3）读者导向调整。学术译本侧重精确性与文化保留，大众译本倾向归化与简化。例如，关于归化调整，《徐霞客游记》的成语"峰回路转"可译为"the path winds along mountain ridges"，牺牲部分文学性以保障可读性。

古代科技典籍的翻译不仅是语言转换，更是文化知识的跨时空重构。文化负载词的处理需结合历史背景嵌入与科学概念转化，既传播中国文化，又凸显文化特色，可采取动态灵活翻译策略和方法，详见下表 6-3。

表 6-3 科技典籍文化负载词的释译方法与分析

文化负载词类型	释译法	代表译例	优缺点分析
哲学/抽象概念	音译+注释（如"shi"）	《孙子兵法》"势"	保留文化独特性，但依赖副文本
科学术语	术语对等（如"岁差"）	《梦溪笔谈》"precession"	确保准确性，可能遮蔽历史差异
技术专名	功能类比（如"tilt-hammer"）	《天工开物》"连机碓"	提升可读性，易丢失技术细节
文学性地理描述	意象直译+美学补偿	《徐霞客游记》"烟霞"	兼顾文学性与科学性，译文冗长

总之，哲学概念需平衡文化保留与可读性，科学术语、技术术语则依赖术语标准化与文化补偿，文学性术语描述在翻译时可考虑兼顾文学性、科学性，同时重视可读性与可接受性。未来研究可进一步探讨数字化时代注释技术，如超链接、多媒体附录，

对文化负载词诠释的辅助作用。

6.2 科技典籍英译本诠释特点对比分析

本节为科技典籍国内外英译本诠释特征分析，包含三个部分，以下分别从学术化倾向、目标读者定位、文化主体性表达三个方面进行论述。

6.2.1 学术化倾向

科技典籍的英译本在文化负载词的处理上呈现出鲜明的学术化倾向，具体表现为术语标准化、注释系统化、文化背景显化等特点。此类译本多服务于如汉学家、科技史研究者在内的专业读者，因此在翻译策略上更注重学术严谨性而非大众可读性。以下结合《孙子兵法》《天工开物》《梦溪笔谈》《徐霞客游记》的国内外英译本展开分析，以国内学者为主导的译本为主。

1.《孙子兵法》哲学概念的学术化诠释

国内如林戊荪英译本对"势""形"等核心哲学概念的处理体现以下特征：（1）术语体系建构，"势"译为"*Shi* (Strategic Power)"，采用音译+学术定义模式，通过大写斜体凸显其术语属性，并在附录中引用《易经》《道德经》进行跨文本互释。"形"译为"*Xing* (Configuration)"，强调其动态军事部署含义，区别于西方静态的"formation"。（2）注释系统化，每章增设"学术注释"（scholarly notes），对比不同学派（如兵家与道家）对同一概念的理解差异。（3）副文本强化，译本附有长篇导论，分析"势"在先秦哲学中的演变，体现深度翻译（thick translation）理念。在学术价值方面，译本构建了中国军事哲学术语体系，但可能因过度依赖注释而降低文本流畅性。

2. 《天工开物》技术术语的标准化与考据

中国学者王义静、王海燕和刘迎春翻译的"大中华文库"版《天工开物》英文全译本，于 2011 年出版发行，是大陆第一个英文全译本。译本的学术化特征包括：（1）

术语翻译的考据性，例如"连机碓"译为"*Lianji Dui* (Hydraulic-Powered Tilt Hammer)"，先音译后功能描述，并在脚注中引用《农书》《考工记》说明其技术源流。"水排"译为"*Shuipai* (Water-Powered Bellows)"，通过连字符复合词确保术语精确性。（2）技术图解还原，译本复制原书插图，并添加英文标注（如"连杆机构"译为"connecting-rod mechanism"），实现视觉化学术辅助。（3）文化语境补充，附录专章讨论明代手工业的社会经济背景，解释"匠户制度"对技术传播的影响。在学术价值层面，该译本成为国际科技史研究的新时代重要参考文献，但术语堆砌可能对非专业读者造成阅读障碍。

3. 《梦溪笔谈》科学概念的学科化对应

"大中华文库"版《梦溪笔谈》英译本（*Brush Talks from Dream Brook*）在处理科学概念时具有学科化对应的特征，相关特点如下：（1）学科术语映射，"浑天说"译为"Huntian Theory (Chinese Geocentric Cosmology)"，通过括号补充其天文学派属性，避免与西方"celestial sphere"混淆。"隙积术"译为"Xiji Method (Finite Difference Calculus)"，对应现代数学概念。（2）对学术争议进行标注，在"地磁偏角"条目下，译者添加脚注说明："沈括的描述比欧洲早 400 年，但'磁针指向'的原文存在多义性"，体现批判性考据。（3）进行跨学科阐释，与李约瑟《中国科学技术史》联动，在注释中引用其观点，形成学术互文性。该译本推动中国古代科学成就的国际认可，但部分术语的"现代化"解读存在遮蔽历史语境的可能。

4. 《徐霞客游记》地理与文学的双重学术化

"大中华文库"版朱惠荣英译本的学术化策略包括：（1）地貌术语的学科规范，例如"丹霞"直接采用国际地学界通用名"Danxia"，避免归化译法，如"rosy cloud"可能引发的诗意误读。"喀斯特"地貌描述译为"karst-like landform"，通过类比谨慎承认徐霞客的早期观察，但避免过度现代科学附会。（2）文学性注释的学术化，对"烟霞之胜"等审美表述，注释中引用谢灵运、柳宗元的山水诗，揭示其文学传统互文性。（3）对历史地理进行考据，章节内附"路线考证"，对比现代地名与明代称谓，如"大理"标注"*Dali* (ancient Nanzhao Kingdom)"。该译本有助于确立徐霞客作为科学地理学先驱的地位，但文学性注释的学术密度可能分散主题焦点。

总的来看，科技典籍英译本的学术化诠释模式主要包括（1）在翻译时采用了音译+学科定义的术语处理法，以构建中国科技话语体系。（2）通过导论、注释、附录实现文化语境显化，强化副文本系统作用。（3）译本链接哲学、科技史、文学研究，形成立体学术网络，形成跨学科关联。在译本局限性方面，需要指出的是，过度依赖注释可能使译本成为"学术工具书"而非阅读文本，强行对应现代科学概念可能导致历史误读。未来可探索分级注释系统，例如基础版与学术版并行，兼顾不同读者需求。

6.2.2 目标读者定位

科技典籍的国内外英译本在目标读者定位上存在显著差异，主要分为面向专业学者的"研究型译本"和面向大众读者"普及型译本"。两类译本在翻译策略、副文本设计及文化负载词处理上均体现出不同的诠释特征。以下结合四部典籍的典型译本展开分析。

一、军事哲学的研究型与普及型诠释

《孙子兵法》研究型译本的目标读者主要为国际汉学家、军事史研究者。诠释特征包括（1）采用"学术直译+深度注释"，如将"虚实"译为"*Xu-Shi* (Void-Actuality)"，并通过长篇脚注比较其与《道德经》概念的异同。（2）附录包含"先秦兵学术语对照表"，服务于术语考证。（3）保留文言句式结构（如"兵者，诡道也"译为"Warfare is the way of deception"），强调文本的历史性。Giles《孙子兵法》保留"形"、"势"等概念的音译（xing/shi），辅以长篇考据注释。该译法可能存在可读性和译文流畅性减弱，读者数量受限的局限。

《孙子兵法》普及型译本的目标读者主要为商务人士、军事爱好者。其诠释特征包括使用归化策略，如"知己知彼"译为"Know your enemy and know yourself"，省略文化注释；添加如海湾战争等现代军事案例作为延伸阅读；采用短句和主动语态，如"故善战者，求之于势"译为"A skilled commander creates momentum"，提升可读性。该类译本可能会一定程度上削弱哲学深度，文化独特性会部分流失。

二、科技史研究的专业化与大众化分野

《天工开物》研究型译本目标读者主要为科技史学者、工艺复原研究者。其诠释特征包括术语考据优先，如"生熟炼铁法"译为"*Sheng-Shu* Iron Smelting (Two-Stage Process)"，脚注引用《开工开物》原文与欧洲高炉技术对比；复制明代版画并添加英文尺寸标注，如"水排活塞行程：12cm"，以实现技术图解的学术化；通过附录讨论明代匠户制度对技术传播的影响，补充社会语境。这类译本能成为国际学界研究中国手工业的权威参考文献。

《天工开物》普及型译本目标读者主要为大学和中学学生、文化爱好者。其诠释特征包括功能简化，例如将"花机"译为"multi-heddle loom"，省略其120综片的复杂结构描述；将"连机碓"类比为"Chinese water-powered hammer"，参照欧洲水磨配图，达到文化类比；以及添加二维码链接至3D模型演示视频，建构互动设计。这类译本技术细节大量简化，读者可能对古代科技水平的认知并不全面。

三、学术考据与科普传播的平衡

《梦溪笔谈》研究型译本如胡道静、钱临照译本的目标读者主要为科学史家、汉学家。诠释特征包括跨学科互文性，例如注释中链接李约瑟《中国科学技术史》相关章节；文本批判性，例如对"隙积术"是否属于微积分前身进行学术讨论。该类译本有助于推动国际学界重新评估宋代科学成就。

《梦溪笔谈》普及型译本，目标读者主要为青少年、科普读者。诠释特征包括进行生活化类比，将"指南针"描述为"Song Dynasty GPS"；采用叙事重构策略，以第一人称改写，如"我发现磁针总指向南方"；添加视觉辅助，用信息图对比古今天文仪器。这类译本符合现代读者喜好，过度现代化的解读也存在模糊历史真实性的风险。

四、地理学专业与文化旅游读者的需求差异

《徐霞客游记》研究型译本，如朱惠荣译本，目标读者主要为历史地理学者、生态学家。译本诠释特征包括地貌术语的标准化，如"峰林"译为"Fenglin (Tower Karst)"，保持一致性，符合国际地质学术语；对路线进行考证，附录对比徐霞客行程与现代 GPS 坐标；凸显文学性注释的学术化，译本分析"烟霞"意象与宋代山水画的关联。

《徐霞客游记》普及型译本，如《徐霞客的冒险》改编本，目标读者主要为旅行爱好者、留学生。其诠释特征包括进行了文化过滤，删减大量地貌数据，保留"夜宿岩洞"等冒险情节；提供旅游实用信息，添加"徐霞客路线今日可访景点"地图；对语言进行口语化处理，将"陟彼崔嵬"译为"I struggled up the steep slope"，译文更通俗易懂。这类译本紧密贴合市场需求，改编程度较大，科学考察性质可能会被转化为现代探险故事。

整体对比而言，研究型译本倾向于学术诠释与考据导向，代表译本包括《孙子兵法》翟林奈（Lionel Giles，1875-1958）译本（1910）、《天工开物》任以都、孙守全译本（1966）、《徐霞客游记》李祁译本（1974）等。普及型译本重视可读性与文化适应，代表译本包括《孙子兵法》克利里（Thomas Cleary）译本（1988）、《梦溪笔谈》王宏等选译本（1997）等。

两类译本主要在翻译策略、副文本设计、文化负载词处理等方面存在较大差异。研究型译本确保科技史研究的精确性，而普及型译本侧重展现中国古代文明成就，前者突出知识传递，后者强调文化传播。在副文本功能上存在分化，学术译本的索引、参考文献支持后续论文引用，如经典研究型译本可被后续学者多次引用，大众译本的插图和案例则降低阅读门槛。此外，在经典化路径方面差异较为明显，《孙子兵法》通过英译本进入西点军校书单，又经海外市场推广的译本成为硅谷创业指南，体现专业与大众接受的双重经典化。

两类译本实际构成"知识考古"与"文化转译"的连续谱系。研究型译本为学科提供原始材料，普及型译本则通过创造性重构使典籍融入当代全球文化消费。理想状态下，二者应形成互文参照，例如译本可同时推出学术版与插图青少版，译本还可尝试分层出版模式，如学术版+大众版，或采用数字超文本，包括如点击术语显示学术注释/通俗解释等功能，以满足多元需求。

6.2.3 文化主体性表达

在全球化语境下，中国科技典籍的英译不仅是语言转换，更是文化主体性的再建构过程。文化主体性表达是指在对外传播过程中，以本土文化为核心，主动构建和传递文化价值、思想体系及话语体系的能力。它强调在跨文化对话中保持文化独特性，避免被异文化消解或误读，并通过符合自身文化逻辑的方式实现有效传播。在科技典籍对外传播中，文化主体性体现为对传统科技思想、术语体系和价值观的忠实传递与创新诠释。以下主要结合对《孙子兵法》《天工开物》《梦溪笔谈》《徐霞客游记》的国内学者英文译本的分析，从三个维度对文化主体性表达进行探讨。

一、本土话语权与"中国话语"的重构

《孙子兵法》蕴含着独特的战略思想，在国际传播中，对其进行"中国话语"的重构能够强化本土话语权。例如，其中"知己知彼，百战不殆""不战而屈人之兵"等战略理念，是中国传统军事智慧的结晶。在翻译和传播过程中，通过准确传达这些理念的内涵，避免用西方军事理论简单套用，能够让世界认识到中国战略思想的独特性和先进性。以英文译本为例，在翻译时保留其核心概念的中国特色表达，同时加以详细阐释，使得国外读者能够理解其背后深厚的中国文化底蕴，从而提升中国在军事战略领域的话语权。林戊荪《孙子兵法》译本创造"*shi*-energy"（势）这一复合词，类比物理学"势能"概念，突破西方军事理论"force/power"的二元表述，通过保留如"势"、"形"等概念的文化内涵，防止全球文化趋同，为人类科技文明提供"中国方案"。早期[英]翟林奈译本将"不战而屈人之兵"译为"to subdue the enemy without fighting"（1910），隐含殖民话语的"征服"逻辑；而当代中国学者潘嘉玢、刘瑞祥译本（1993）改用"to bend the enemy's will without conflict"，通过"bend will"重构东方战略的柔性智慧。

《天工开物》这部典籍记录了中国古代丰富的农业和手工业技术，是中国传统科技的重要体现。在文化传播中，通过对其进行"中国话语"重构，能够强化中国在传统科技领域的本土话语权。书中对各种工艺技术的描述，如陶瓷制作、纺织技术等，都有着独特的中国术语和操作流程。在翻译时，准确传达这些术语和流程，展现中国古代科技的独特体系和创新精神，让世界了解中国在古代科技发展中的重要贡献，增强中国在科技文化领域的影响力。如《天工开物》中"生熟炼铁法"、"连机水碓"等术语，若直接套用西方工业术语（如"blast furnace"），可能掩盖中国古代技术的独特性。研究型译本通过音译加注释（如*Lianshui Shuidui*: a multi-linked water-powered hammer"）保留术语原貌，强化中国科技话语的原创性，维护科技文化基因，避免被西方中心主义叙事同化。任以都《天工开物》译本坚持"矾石"(矾石)译为"Chinese alum"而非"alum"，通过国别定语强调技术起源。最新"大中华文库"版将"花机"(提花织机)音译为"*huaji*"并标注"Jacquard loom precursor"，确立中国技术对西方工业革命的先导性。

二、传统科技价值观的现代表述

《梦溪笔谈》涵盖了天文、地理、数学、物理等多个领域的知识，体现了中国古代科学家对自然现象的观察和思考，蕴含着丰富的传统科技价值观。在现代表述方面，可以将书中的科学思想与现代科学理念相结合。例如，《梦溪笔谈》中"隙积术"（早期积分思想）的翻译，普及型译本可能简化为数学公式，而研究型译本则结合沈括的哲学观，如"格物致知"，揭示其与中国传统思维方式的关联。书中对磁偏角的记载，是世界上最早的相关记录之一。《梦溪笔谈》"淤田法"译作"sediment-fertilization agriculture"，被联合国粮农组织报告引用为古代中国生态农业案例。在传播过程中，可以将这一发现与现代地球物理学的研究成果相联系，让现代读者认识到中国古代科技在某些方面的前瞻性，同时也能让传统科技价值观在现代社会中焕发出新的活力，更进一步展现科技与文化的整体性，传递"天人合一"等中国科技哲学。

《徐霞客游记》这部典籍不仅是一部地理著作，还体现了中国古代文人对自然的热爱和探索精神。其传统科技价值观体现在对地理现象的细致观察和记录上。在现代表述时，可以结合现代地理学的研究方法和理论，对徐霞客的考察成果进行解读和分析。例如，将他对山脉、河流的描述与现代地形地貌学相结合，让读者更好地理解中国古代地理考察的科学性和系统性，同时也能传承和弘扬中国古代文人探索自然、追求真理的精神。《徐霞客游记》对喀斯特地貌的记载被重构为"pre-Karst theory Chinese exploration"，凸显中国对该地貌的探索和记载，与欧洲地质学话语进行跨时空的平等对话。基于文化主体性的表达，该典籍的传播可弱化"探险文学"的西方标签，进而强调其"考据实证"精神与中国文人"行万里路"传统的结合，打破"东方神秘主义"刻板印象，建立中国科技史的逻辑自洽性。

三、中国文化传播主体

在四本典籍的传播过程中，译者和学者起着关键作用。他们是中国文化传播的重要主体，通过准确的翻译和深入的研究，将中国古代文化传递给世界。例如，译者在翻译《孙子兵法》时，需要具备深厚的中国文化素养和扎实的外语能力，能够准确理解原文的含义，并将其用恰当的外语表达出来。21 世纪，《孙子兵法》出现倪乐雄等中国军事学者主导的译本，新增"三十六计"与《孙子》互文注释。《天工开物》从英国李约瑟团队的解读，丰富拓展到国内团队译本的技术谱系还原。学者通过对典籍的研究和解读，挖掘其中的文化内涵和价值，为传播提供理论支持。

此外，科技典籍的译介还得到国家翻译工程的制度性保障。"大中华文库"版《梦溪笔谈》设立"中国古代科学方法论"专栏，系统阐释"格物致知"与西方实证主义差异。《徐霞客游记》新版数字英译本由文旅部主导，嵌入数字地图路线追踪，实现文化主权与数字技术的结合。这对新型话语的构建起到推动作用，例如《徐霞客游记》的"驴友文化"解读，包括 Lonely Planet 导读版等，将古代探险转化为当代中国生活方式的输出载体。新时代的对外译介工作使得中国文化能够跨越语言和文化的障碍，在国际上得到更广泛的传播。

此外，文化机构和媒体也是中国文化传播的重要主体。文化机构如博物馆、图书馆等，可以举办相关的展览和活动，展示四本典籍的珍贵版本和研究成果，吸引国内外观众的关注。媒体则可以通过各种渠道，如电视、网络等，对典籍进行宣传和推广。例如，制作关于《天工开物》的纪录片，介绍中国古代工艺技术的魅力，让更多的人了解中国文化的博大精深。通过文化机构和媒体的努力，能够扩大中国文化的传播范围，提高中国文化的国际影响力。

6.3 译本"出海"诠释路径与译介策略

科技典籍的译介与传播不仅涉及语言转换，更关乎文化适应、知识重构与全球接受。本节结合《孙子兵法》《天工开物》《梦溪笔谈》《徐霞客游记》的英译实践，其"出海"路径与译介策略可从以下三个方面进行探索。

6.3.1 文化语境适配性

在科技典籍译本"出海"过程中，文化语境适配性调整至关重要。不同国家和地区有着独特的文化背景、价值观和知识体系。科技典籍中的专业术语、概念等可能在不同文化中有不同的理解和认知。因此，需要对译本进行文化语境适配性调整，将典籍中的内容与目标受众的文化背景相结合。例如，对于一些具有中国特色的科技概念，可以通过类比、解释等方式，使其在目标文化中更容易被理解。这样可以减少文化障碍，提高译本的可接受性，让目标受众更好地理解和接受科技典籍中的知识。

科技典籍的学术化诠释有助于实现考据型翻译与跨学科对接。学术化译介的核心目标为确保科技知识的精确传递，融入国际学术话语体系。相关典型案例包括《天工开物》任以都译本（1966）严格遵循科技史术语规范，如将"冶铁"译为"iron-smelting with blast furnace"，并附《考工记》对比注释。《梦溪笔谈》胡道静校注本（1985）采用"译注分离"策略，正文直译科学观察（如"隙积术"译为"stacked gaps calculation"），脚注链接《九章算术》与离散数学理论。该策略通过严谨的学术副文本（如索引、参考文献），使中国科技典籍成为国际科学史、汉学研究的权威素材，如李约瑟《中国科学技术史》直接引用任以都译本。

对比而言，科技典籍的大众化转译可有效实现叙事重构与文化适配。大众化译介的核心目标为降低认知门槛，契合目标读者的文化期待。典型实践案例包括海外汉学家、独立学者 Thomas Cleary《孙子兵法》译本（1988）将"兵者诡道"意译为"War is a game of deception"，弱化道家哲学色彩，强化商业策略适用性。英国 BBC 版《天工开物》（2016）以"中国发明史"为框架，将"乃服"（纺织）章节改写为"Silk: The Fabric that Changed the World"，突出全球贸易史关联。《徐霞客游记》Lovell 缩写本（2021）删除地理坐标细节，聚焦"冒险故事"，类比《马可·波罗游记》的旅行文学范式。该译介策略通过通俗语言、插图、纪录片等视觉化设计，以及本土化类比，如将"水碓"比作"中国古代的水力工厂"，共同推动典籍进入大众阅读市场。

6.3.2 多模态跨文化传播

采用多模态跨文化传播策略能够有效提升科技典籍译本的传播效果。除了传统的文字翻译，还可以结合图像、音频、视频等多种形式进行传播。例如，制作与科技典籍相关的科普视频，通过生动形象的画面和讲解，将典籍中的知识以更加直观的方式呈现给目标受众。此外，利用社交媒体、在线平台等渠道进行传播，扩大译本的传播范围。在国内，中央广播电视总台制作"典籍里的中国"系列节目对包括《徐霞客游记》等多部典籍进行视频录制，实现古今对外，而后再由中国国际电视台（CGTN）及其英文网页进行推广[①]，惠及国内与国外观众。多模态的传播方式可以满足不同受众的需求和喜好，提高传播的针对性和有效性，促进科技典籍在国际上的广泛传播。

数字化传播凸显了技术赋能与交互诠释在新时代的价值。其核心目标为利用数字媒介突破传统文本限制，实现动态化、沉浸式接受。相关译介路径包括：推行《孙子兵

[①] "典籍里的中国"之《徐霞客游记》英文字幕视频参见中国国际电视台网页，链接为：https://news.cgtn.com/news/2021-12-27/-China-in-the-Classics-Travels-of-Xu-Xiake-16kie3FLvu8/index.html（访问日期 2025-04-05）

法》AI 交互版本，嵌入战略模拟游戏，用户通过"虚实篇"决策影响虚拟战场结果。推介《梦溪笔谈》增强现实（AR）版，用户扫描文本即可呈现"活字印刷术"操作动画，还可结合 STEM 教育需求设计互动问答。结合文学地理学，将《徐霞客游记》数字地图在多款主流网络地图平台进行考察路线的历时标记，叠加明代与现代地理数据对比图层。通过多模态的文化译介与传播，数字技术的应用不仅增强受众参与感，更通过"文本+影像+交互"的多模态重构建立科技典籍的现代话语权，如《天工开物》3D 冶炼模型被博物馆数字馆藏收录。

6.3.3 翻译质量与翻译伦理

在人工智能时代，人工智能辅助翻译为科技典籍译本"出海"提供了新的机遇。人工智能翻译工具可以提高翻译效率，快速处理大量的文本。然而，由于科技典籍的专业性和复杂性，单纯依靠人工智能翻译可能会出现一些质量问题，还涉及翻译伦理（Chesterman 2017）问题。因此，需要将人工智能辅助翻译与人工翻译相结合，进行质量把控。人工译者可以对人工智能翻译的结果进行校对和修正，确保译本的准确性和专业性。同时，利用人工智能技术对译本进行质量评估，建立完善的质量评估体系，保证科技典籍译本的高质量输出。结合《孙子兵法》《天工开物》《梦溪笔谈》《徐霞客游记》的翻译实践，可从以下方面优化 AI 辅助翻译与质量把控，处理翻译伦理问题，以提升科技典籍的对外传播效果。

（1）术语标准化与知识图谱构建。科技典籍包含大量专业术语，如《天工开物》的"水碓""燔石"，传统翻译依赖人工考据，效率较低。AI 解决方案可以构建"中国古代科技术语双语数据库"，利用自然语言处理（NLP）技术自动匹配现代对应词，如：《梦溪笔谈》"隙积术"译为 stacked-gap calculation (ancient Chinese discrete geometry)；《徐霞客游记》"丹霞地貌"译为"Danxia landform (red-bed sandstone erosion)"。此外，结合知识图谱（Knowledge Graph）技术，可进一步建立术语关联网络（如《天工开物》"冶铁"与欧洲工业革命高炉技术的对比）。

（2）语境适配与风格优化。同一典籍面向不同读者（学者或大众）需调整语言风格，传统人工翻译成本高。AI 解决方案可包括基于 GPT-4 等大语言模型（LLM），训练"分众翻译引擎"，提高翻译效率。对于学术型输出，保留古汉语结构，增加注释，如 Giles《孙子兵法》风格。针对普及型输出，采用意译+文化类比，如 Cleary 版《孙子兵法》的商业化表述。还可以利用风格迁移（Style Transfer）技术，自动生成不同版本的译文，例如尝试对《徐霞客游记》进行"学术版"和"旅行文学版"的风格切换。

（3）AI 翻译的质量和伦理把控。在人机协同校对（Human-in-the-Loop）方面，AI 可能误译文化负载词，如《梦溪笔谈》"刻漏"被直译为"carved leak"，实际上，"刻漏"指的是一种古代计时器，也称为"漏壶"或"漏刻"，"waterclock"是最直接的英文翻译，常用于描述古代通过水滴漏来计时的装置。翻译实践中形成专家干预机制，在 AI 初译后，由科技史学者、语言学家进行三重校验，更好地解决术语准确性、文化适配性和读者接受度。此外，还可以创新使用众包修正平台，类似百科知识的在线修订模式，允许译者、汉学家、译审在线提交修订建议，建构典籍专项校对系统，形成一定范围内的开放协作平台。AI 还可能因训练数据偏差导致文化误读，解决方案包括加入文化过滤算法，检测译文是否包含"东方主义"刻板印象；实行价值观对齐，确保 AI 符合中国科技典籍的"求真务实"精神，通过译本伦理筛查，过滤不当表述。

可见，人工智能辅助翻译为科技典籍的对外传播提供了效率提升，包括术语库构建、分众适配、风格优化、质量可控、人机协同的新路径，但仍需坚持"以人为主，AI 为辅"的原则，避免技术异化导致的文化失真。AI 技术为科技典籍的探索意识提供了全球化传播的新可能，但必须置于翻译伦理的约束之下。首先，技术逻辑服务于文化逻辑，AI 的"效率优先"不得损害典籍的本真性。其次，工具理性让位于价值理性，传播广度不应以简化文化深度为代价。未来需通过"伦理嵌入型 AI"（Ethics-by-Design AI），在科技典籍译介中实现"精准传播"与"文化主权"的双重目标。此外，可通过"AI+专家+数字媒介"的三维模式，推动《孙子兵法》的战略智慧、《天工开物》的技术哲学、《梦溪笔谈》的科学精神、《徐霞客游记》的探索意识，以更精准、生动的方式走向世界。

154

6.4 本章小结

第 6 章对中国科技典籍的诠释和翻译特征进行了对比研究，对新时代典籍"出海"的译介策略进行了分析。研究认为，科技典籍的译介成功实现知识迁移的译本往往兼具学术严谨性与受众导向性，既保留典籍的科技思想精髓，又通过跨媒介叙事激活传统知识的当代价值。通过保留如《孙子兵法》"势""形"等概念的文化内涵，防止全球文化趋同，为人类科技文明提供"中国方案"，以维护文化多样性。《梦溪笔谈》中"石油"命名的传播——"此物生于水际砂石中"，书对"石油"的记载"此物后必大行于世"，王宏译本添加编者按：A 11th-century prophecy on fossil energy crisis，将古代观察转化为当代环境话语，既展现中国古代命名智慧，又为现代能源话语提供历史参照，激发文化碰撞下的创新可能。对《天工开物》中"砲制火药法"等技术传播时强调其早于欧洲数百年的史实，可重塑世界科技史叙事，提升中国在科技史领域的话语影响力。科技典籍中"工巧为末，道器为本"等价值观的传递，可增强海外华人的文化认同，同时吸引国际学界关注中国科技伦理观的当代价值。

科技典籍的对外传播不仅是技术知识的转移，更是文化主体性的博弈场域。坚持文化主体性表达，既能守护中华文明的科技基因，又能为全球科技人文交流提供平等对话的基础。李祁的《徐霞客游记》译本将"山水审美"描述为"topographical appreciation"，而 2023 年外文局译本改用"shan-shui consciousness"，通过音译+阐释构建专属概念，呼应西方"生态批评"理论。又如《天工开物》书名英译从他者视角的"Chinese Technology"到富含主体性表达的"The Exploitation of the Works of Nature"的转变所示，文化主体性关乎中国科技文明在国际舞台上的真实呈现与价值重估，其诠释路径与译介策略具有重要价值和意义。

科技典籍"出海"诠释与对外译介路径并非割裂，而是形成"学术奠基—大众传播—数字活化"的协同网络。例如《孙子兵法》先由学术译本确立权威性，再经大众化转译拓宽受众，最终通过数字化实现文化增值；《天工开物》从学术化的专业科技史研究到大众化的纪录片传播，再到数字化的增强现实技术手工体验，完成知识价值链的更广覆盖。未来需进一步探索跨媒介叙事，如将《徐霞客游记》改编为"地理发现"主题流媒体剧集，强化"科学探险家"形象；加强数据库建设，构建"中国科技典籍多语种术语库"，支持机器翻译的准确性；推进国际机构合作，与 UNESCO、世界工程组织联合会（WFEO）联合推出多语种科普版本，嵌入全球科技伦理讨论。

总之，科技典籍历经从被动接受西方框架诠释，到主动构建话语体系建构的过程，旨在最终实现科技典籍的"双重解码"——既还原历史本真，又参与全球现代性对话。这种文化主体性的强化，绝非封闭自洽，而是以更平等的姿态参与人类文明知识图谱的构建。

第7章 结论

本章为本书最后一章，分为研究发现、研究局限性两个大的方面。首先，第 1 节对本书研究内容进行总结，提出主要研究发现，并提出研究启示和建议。其次，第 2 节对本书研究在研究对象、研究案例方面的研究局限性进行了描述，以期在未来进行更全面和深入的研究。

7.1 研究发现与启示

科技典籍文化负载词的翻译本质上是"科学求真"与"文化存异"的辩证统一的关系。本书围绕中国科技类典籍的译介展开多层次的讨论，主要研究发现与启示如下：

一、主要研究发现

1. 科技典籍诠释特点与对策

中国科技类典籍具有多种类别，在古今社会有重要价值，不同种类有独特性，语言文字也有特殊性。诠释学在典籍翻译中，译者在理解与诠释文本时发挥主体作用。

《孙子兵法》是一部具有丰富哲学思想的军事著作，其翻译不仅涉及军事术语的准确转换，还需要理解和传达其中的战略思想和哲学内涵。例如，"知己知彼，百战不殆"这句名言不仅是军事策略的总结，更是一种辩证思维方式的体现。在翻译过程中，译者需要理解并传达出这种思维方式的深层含义，而不仅仅是表面的语言转换。诠释学的应用使得译者可以通过对文化背景和历史语境的理解，更准确地传达出《孙子兵法》的精髓（Hacker, 1971）。

《梦溪笔谈》作为一部科学百科全书，包含了大量的科学观察和实验记录。然而，书中的许多概念和理论并未在现代科学中得到直接对应，这为翻译工作带来了挑战。例如，沈括对磁针指南的描述在当时的科学语言中是独一无二的。译者在翻译这些内容时，必须通过诠释学的视角，理解沈括在那个时代的知识背景和科学认知，从而在翻译中找到适当的表达方式。这不仅有助于现代读者理解这些古代科学发现，也使得这些发现能够在现代科学史的语境中得到重新评估（Needham & Wang, 1959）。

《天工开物》详细记录了明代的工艺技术，其内容涉及农业、手工业、矿业等多个领域。书中既有具体的技术描述，也包含了大量的文化背景知识。诠释学在《天工开物》翻译中的应用，主要体现在如何将这些技术知识与中国传统文化相联系。例如，书中关于造纸技术的描述，不仅涉及技术操作，还包含了与中国书写文化的关联。译者在翻译过程中，需要通过诠释学的视角，理解并传达这些文化内涵，使得《天工开物》不仅作为一部技术文献被理解，更作为文化遗产被欣赏和传播（宋应星，2013）。

《徐霞客游记》不仅是一本地理考察的记录，更是徐霞客个人思想、情感的表达。书中对自然景观的描绘，往往融合了作者的个人体验和哲学思考。例如，徐霞客在描述山川景物时，常常通过比喻和拟人化的手法，表达出他对自然的敬畏和热爱。诠释学视角下的翻译，需要译者不仅要忠实于文字表面，还要捕捉并传达出作者的情感和思想内涵，从而使译文能够传达出《徐霞客游记》的文学价值和思想深度（李天纲，2014）。

2. 科技典籍译介特征与路径

科技典籍在海外的译介历程有阶段性特征，对国际汉学有重要影响，海外汉学家发挥了一定作用。文化过滤与跨文化传播的理论模型揭示了文化差异在典籍翻译与传播中的重要影响。翻译研究需跨学科视角，不同学科应融合协作。描述性翻译研究可客观描述与解释翻译现象。

《孙子兵法》有历代版本与文体特色，英译史丰富，在国内外有深入的诠释过程，在海外传播广泛，是军事经典，在全球有重要地位。《梦溪笔谈》内容有史料价值，英译有关键节点，国内外学者诠释方式多样，对中外科技交流有贡献。《天工开物》图文并茂有时代特色，英译有挑战与策略，在海外传播对西方工业技术研究有影响。《徐霞客游记》描写手法和副文本使用有特点，英译史及国内外诠释情况有研究价值，在国际地理学和文化研究中有传播与影响。

在语言方面，不同译本在语言表达上有特点，语言转换面临挑战，需保留原文精髓并适应目标语言表达习惯。文体方面，要保持原有文体特征，兼顾目标语言文体规范，文体适应影响读者对原典籍的理解与接受。译介策略方面，文化语境差异影响科技典籍全球传播，多模态跨文化传播方式有重要作用。在人工智能时代，应"人机协同"提升翻译质量，重视翻译伦理。

二、研究启示与建议

基于本书研究发现的启示和建议，包括宏观策略与解决路径，中观解决办法，以及微观具体措施。

1. 宏观层面的应对策略和路径

首先，应对科技典籍多版本英译本的异同，可通过进行历史与理论框架的交叉研究，可深化对不同译本的理解。使用跨文化传播理论、译介学理论等，例如对"大中华文库"版的翻译和李约瑟《中国科学技术史》中的英文文本进行框架性对比，探讨两者在诠释中国古代科技文化时所使用的不同理论与方法。此外，结合历史文献研究法，通过文献研究追溯包括"大中华文库"版科技典籍翻译团队的历史背景，分析译者在不同历史时期如何形成各自的翻译标准和策略。另外，积极开展学术对话与研讨，组织跨学科研讨会，邀请中外学者共同探讨"大中华文库"版的异同与特点，促进中西方学术界的对话与理解。

其次，利用英译研究丰富对中国传统文化的理解，积极开展跨文化诠释研究，推动翻译研究成果的应用与传播。搭建在线跨文化诠释平台，专门用于发布和讨论"大中华文库"版科技文献的英译研究成果，促进全球学者的参与与合作。此外，深化案例研究教学，将典型的英译案例引入学术课程，作为翻译研究和文化研究的教学素材，通过实例分析来丰富学生对中国传统文化的理解。加强推广与传播，利用多种媒体渠道，包括出版物、在线讲座、学术会议等，广泛传播"大中华文库"版科技文献的英译研究成果，增强全球对中国传统文化的认知与认同。

2. 中观层面的解决办法

应对不同译者在文化背景、翻译风格和诠释视角上的差异，可进行跨文化翻译对比研究，系统分析译者的文化背景和诠释策略，更大范围地构建翻译者档案，收集和整理译者的背景信息，包括其文化背景、学术训练、翻译经验等，形成详细的档案。此外，详细开展文本对比分析，选取关键段落或章节，进行不同译本之间的详细文本对比，探讨译者的文化背景如何影响其翻译选择。另外，积极推动文化诠释访谈，通过访谈或文献分析，探讨译者如何理解和诠释源文化中的特定概念，并研究这些理解如何影响译文的最终呈现。

应对文化特定概念和术语的翻译问题，可以通过开发跨文化术语库，并设计译者工作坊以统一翻译策略。相关解决办法包括（1）创建多个领域的跨文化的科技术语数据库，涵盖原文中的文化特定概念和科学术语，并为这些术语提供一致的英译标准和背景解释，以实现术语标准化。（2）组织针对科技文献的翻译工作坊、国际专题研讨会，邀请相关领域的专家和译者共同探讨如何统一翻译策略，确保不同译者在处理文化特定术语时有一致的标准。（3）建立系统的译文审校机制，由中外合作的专家组对译本进行审查，确保对文化特定概念和科学术语的翻译准确且符合源文化的内涵。

在对外传播与影响方面，积极开展中国科技典籍英译本的全球影响力研究。例如，《孙子兵法》的军事战略思想在全球范围内有广泛的影响力，研究其不同译本有助于深化对中国军事哲学的理解，探讨其在不同文化中的接受度与影响，丰富对中国军事哲学在全球范围内传播的理解。将《孙子兵法》不同译本纳入跨文化交流和军事战略课程中，通过案例教学丰富学生对中国军事思想的理解。又如，针对《徐霞客游记》，该书的地理和人文记录提供了丰富的文化信息，研究其英译本可以加深对中国古代旅行文化和民族文化的理解。分析《徐霞客游记》英译本在西方读者中的传播情况，探讨其对西方对中国地理和民族文化认知的影响。概言之，在新时代可结合现代多媒体技术，开发中国科技典籍英译本的数字化资源，促进文化信息的全球传播，增强国际读者对中国古代文化的认知。

3. 具体文本层面的解决办法

结合《孙子兵法》《梦溪笔谈》《天工开物》和《徐霞客游记》这四部典籍的翻译与诠释特点，具体解决办法包括：

由于《孙子兵法》具有深厚的军事哲学内涵，不同文化背景的译者往往会从不同角度进行解读。可建立跨文化解读小组，集合中西方军事专家和翻译学者，共同分析《孙子兵法》中的关键概念，如"道"、"势"、"计"等，探讨这些概念在不同文化语境中的等效表达。此外，编写多元注释本，为《孙子兵法》英译本编写包含不同文化背景注释的多元版本，以展示译者不同的诠释视角，并进行对比研究。

针对《梦溪笔谈》，作为科技百科全书式的著作，《梦溪笔谈》涵盖了广泛的科学技术内容。不同译者在处理技术细节时可能会有不同的理解。邀请科技史专家和翻译专家合作，确保译者能够准确理解原文中的技术术语和概念。定期组织讨论会，汇集不同译者的意见，统一对《梦溪笔谈》中复杂技术术语的翻译标准，开展技术术语讨论会。

《天工开物》详细描述了中国古代的农业、手工业和采矿业技术，其科学术语的翻译尤为重要。积极构建术语数据库，建立《天工开物》科学术语的多语言数据库，包含术语的定义、原文出处、译本对比及背景注释，帮助译者准确把握术语的意义。此外，还可编制一本《天工开物》术语翻译手册，涵盖常见术语的标准翻译和解释，为译者提供参考。

针对《徐霞客游记》，该书记录了丰富的地理地貌和民族文化，其中特有的地理和文化术语在翻译中需要特别关注。基于书中丰富的文化术语，可编撰《徐霞客游记》中特有地理和文化术语的多语言词典，提供详细的背景信息和标准翻译，以确保译本的准确性。

最后，在科技典籍翻译过程中，还应注意引入文化情境分析，帮助译者理解专有名词、历史背景和民族文化习俗背后的深层含义，从而作出更贴切的翻译选择。

总之，理想译法需根据文本功能动态调整，如根据目标受众进行学术研究与大众传播的有效分类。学术译本侧重文化保留，如李约瑟对《梦溪笔谈》音译+深度注释的处理；大众译本可适度归化，如《徐霞客游记》的景观描写简化，采用功能类比和文学调整。未来研究可结合语料库技术，量化分析不同策略的接受效度，进一步优化文化负载词的转换范式。

7.2 研究局限性

本书结合"典籍翻译"与"多维诠释"的视角，以"大中华文库"科技类典籍为中心，对《孙子兵法》《梦溪笔谈》《天工开物》《徐霞客游记》这四部科技类典籍进行了对比研究，旨在丰富典籍诠释与翻译路径，推动中国科技典籍海外"对话"中的自主话语体系的建构。本研究可能存在的研究局限包括：

1. 研究对象案例分析不够全面。本研究案例数量有限，仅论述了以上这四部科技类典籍。"大中华文库"中的科技类典籍数量远不止这四部，仅以这四部作为主要研究对象，可能无法全面涵盖"大中华文库"科技类典籍的多样性和复杂性，难以对整个"大中华文库"科技类典籍的翻译与诠释情况做出普遍且准确的结论。此外，研究较少涉及其它非"大中华文库"中的科技类典籍翻译案例进行对比分析。通过与其他文库或翻译项目中的科技类典籍翻译进行对比，可以更清晰地凸显"大中华文库"科技类典籍翻译的特点和存在的问题，这方面的研究在未来还可拓展。

2. 研究方法存在不足。本研究未进行读者反馈收集，读者作为典籍翻译与传播的最终接受者，他们的意见和感受对于评估翻译质量和诠释效果至关重要。缺乏读者反馈，难以了解翻译是否真正满足了目标读者的需求，以及诠释是否被读者所理解和接受。此外，跨学科研究方法不够深入，虽然本研究采用翻译研究需跨学科视角，不同学科应融合协作，但具体运用跨学科方法进行研究时还不够深入，在深度和广度上受到一定限制。未来还需积极探索，将科技史、语言学、文化学、传播学等学科知识有机结合。另外，科技典籍的译介是一个动态的过程，会随着时间的推移和社会文化的变迁而发生变化。本研究主要侧重于对典籍本身和现有翻译情况的描述，没有更全面第采用动态的研究方法来分析科技类典籍在不同历史时期的翻译与传播变化，在把握科技典籍译介的发展趋势和规律方面可能存在不足。未来积极纳入当代海外汉学家的新译本、网络平台的传播途径，如学术数据库、开放式资源等，使得译介历程的分析更为全面。

3. 翻译伦理的实践研究不够深入。本书虽论及了在人工智能时代应重视翻译伦理，但对翻译伦理在"大中华文库"科技类典籍翻译中的具体实践情况研究还不够具体。科技典籍中的专业术语翻译可能需要科技史学者、译者、读者参与，翻译伦理涉及到译者的职业道德、对原作者的尊重、对文化的传承等多个方面，这方面的研究在未来还可进行专题拓展。

综上，未来研究可拓展更多典型案例，结合读者调查与数字人文方法，加强跨学科实证协作，以更全面、动态地揭示科技典籍翻译与传播的规律。

参考文献

一、中文文献

[1]   陈福康.中国译学理论史稿[M]. 第 2 版修订本. 上海: 上海外语教育出版社,
2000.

[2]   白玉杰.中国哲学典籍英译语境本体性研究[D].河南大学博士学位论文,2014.

[3]   鲍晓英.中国文化"走出去"之译介模式探索——中国外文局副局长兼总编辑
黄友义访谈录[J].中国翻译,2013,34(05):62-65.

[4]   褚绍唐主编.徐霞客旅行路线考察图集(精装本)[M]. 上海: 中国地图出版社
出版, 1991.

[5]   范祥涛.文化专有项的翻译策略及其制约因素——以汉语典籍《文心雕龙》
的英译为例[J].外语与外语教学,2008,(06):61-64.

[6]   方豪. 徐霞客与西洋教士关系之初步研究[A]. 竺可桢等著,《地理学家徐霞
客》[C]. 北京:商务印书馆, 1948:13-16.

[7]   傅莹. 在讲好中国故事中提升话语权[N]. 人民日报, 2020-04-02(09).

[8]   付瑛瑛."传神达意"—中国典籍英译理论体系的尝试性建构[D].苏州大学博
士学位论文,2011.

[9]   何立芳, 陈霞, 主编.道教术语汉英双解词典[M]. 成都: 四川人民出版社,
2014.

[10]   胡开宝.语料库翻译学概论[M]. 上海: 上海交通大学出版社, 2011.

[11]　华少庠等.儒学典籍四书在欧洲的译介与研究[M].成都：四川大学出版社，2015.

[12]　黄国文.典籍翻译:从语内翻译到语际翻译——以《论语》英译为例[J].中国外语,2012,9(06):64-71.

[13]　黄海翔.文化翻译中的文化逻辑:以《孙子兵法》文化专有项英译的经验分析为例[J].西安外国语大学学报,2015,23(01):113-119.

[14]　黄友义.服务改革开放40年,翻译实践与翻译教育迎来转型发展的新时代[J].中国翻译,2018,39(03):5-8.

[15]　霍跃红.典籍英译译者文体分析与文本的译者识别[D].大连理工大学博士学位论文,2010.

[16]　季红琴,周昕怡.回顾与总结：《孙子兵法》百年英译与研究[J].上海翻译,2023,(04):79-84.

[17]　季羡林.季羡林谈东西方文化[M].杭州：浙江人民出版社,2016.

[18]　伽达默尔.诠释学 I, II:真理与方法[M].洪汉鼎,译.北京：商务印书馆,2010.

[19]　姜飞.跨文化传播理论研究[M].北京:人民出版社,2021.

[20]　蒋坚松,彭利元.文化语境与中国典籍翻译——关于一个研究课题的思考[J].中国外语,2006,(02):72-75.

[21]　蒋骁华.典籍英译中的"东方情调化翻译倾向"研究——以英美翻译家的汉籍英译为例[J].中国翻译,2010,31(04):40-45+95.

[22]　蓝红军.译学方法论研究[M].北京：外语教学与研究出版社,2019.

[23]　蓝红军.何为翻译思想与翻译思想研究何为[J].英语研究,2020,(01):128-140.

[24] 李林,李伟荣.《徐霞客游记》的翻译和海外传播探析[J].外语与翻译,2017,24(04):32-37.

[25] 李文革.中国文化典籍中的文化意蕴及其翻译问题[J].外语研究,2000,(01):42-44+24.

[26] 李伟荣,姜再吾,胡祎萌.中国典籍翻译的实践及策略——以"大中华文库"版《徐霞客游记》英译的译审为例[J].燕山大学学报(哲学社会科学版),2014,15(04):66-71.

[27] 李新德.明清时期西方传教士中国儒道释典籍之翻译与诠释[M].北京:商务印书馆,2015.

[28] 李永胜.中西文化交流与中国传统文化的发展[J].社会科学,1990,(04):42-46.

[29] 李正栓,王心.民族典籍翻译70年[J].民族翻译,2019,(03):5-33.

[30] 刘性峰.诠释学视域下的中国古代科技典籍英译研究[D].苏州大学博士学位论文,2018.

[31] 刘性峰.中国古代科技典籍英译研究之诠释性理据分析[J].外语学刊,2020,(04):84-89.

[32] 刘性峰.诠释学视域下的中国科技典籍英译研究[M].南京:南京大学出版社,2020.

[33] 刘性峰,王宏.中国科技典籍翻译研究:现状与展望[J].西安外国语大学学报,2017,25(04):67-71.

[34] 刘性峰,王宏.再论中国古代科技典籍翻译理论框架构建[J].北京第二外国语学院学报,2020,42(04):68-78.

[35] 刘亚斌.文化霸权论的变异学研究[M].北京:中国社会科学出版社,2016.

[36]   梁勇.《〈周易参同契〉英译与传播研究》[D]. 西南交通大学博士学位论文,
2021.

[37]   卢长怀.论中国典籍英译的三个取向——以译《徐霞客游记》为例[J].辽宁师
范大学学报(社会科学版),2014,37(06):862-867.

[38]   罗选民,李婕.典籍翻译的内涵研究[J].外语教学,2020,41(06):83-88.

[39]   迈赫迪·萨马迪. 国际传播理论前沿[M].吴飞,黄超 译, 北京:中国传媒大学
出版社, 2016.

[40]   梅阳春.古代科技典籍英译——文本、文体与翻译方法的选择[J].上海翻
译,2014,(03):70-74.

[41]   裘禾敏.《孙子兵法》英译研究[D].浙江大学博士学位论文,2011.

[42]   石春让,陈泉有.王宏《梦溪笔谈》英译本中音乐文化专有项的翻译策略[J].吉
林师范大学学报(人文社会科学版),2018,46(04):108-113.

[43]   束慧娟.基于意义进化论的典籍英译模式研究[D].苏州大学博士学位论
文,2016.

[44]   宋晓春.论典籍翻译中的"深度翻译"倾向——以21世纪初三种《中庸》英译
本为例[J].外语教学与研究,2014,46(06):939-948+961.

[45]   (宋)沈括著. (大中华文库)梦溪笔谈[M].胡道静, 金良年, 胡小静 今译, 王宏,
赵峥 英译, 成都:四川人民出版社,2008.

[46]   (宋)沈括著. 梦溪笔谈[M].金良年 校,中华书局,2015.

[47]   (宋)沈括著. (中华经典名著全本全注全译)梦溪笔谈[M].诸雨辰 译,中华书
局,2016.

[48] (明)宋应星 著. (大中华文库)天工开物[M]. 潘吉星今译；王义静，王海燕，刘迎春 英译. 广州:广东教育出版社,2016.

[49] (明)宋应星.天工开物[M]. 杨维增 译注,北京：中华书局,2021.

[50] (春秋)孙武.十一家注孙子[M]. 北京：中华书局,2012.

[51] 孙武,孙膑. (大中华文库)孙子兵法 孙膑兵法:汉英对照[M]. 吴如嵩,吴显林校释；林戊荪英译,北京:外文出版社，1999.

[52] (春秋)孙武.孙子兵法[M]. 陈曦 注,北京:中华书局,2022.

[53] (春秋)孙武.孙子兵法（*Sun Tzu on The Art of War*）第 1 版[M]. [英]翟林奈 译,罗选民 注,上海:上海译文出版社,2020.

[54] 潘吉星.天工开物校注及研究[M]. 成都：巴蜀书社,1989.

[55] 潘嘉玢,刘瑞祥.汉英对照《孙子兵法》[M]. 北京：军事科学出版社,1993.

[56] 卿希泰, 主编.中国道教史[M]. 第四卷（修订本）. 成都：四川人民出版社,1996.

[57] 田传茂.国外重译理论研究的新进展[J].解放军外国语学院学报,2014,37(03):102-110+161.

[58] 屠国元,吴莎.《孙子兵法》英译本的历时性描写研究[J].中南大学学报(社会科学版),2011,17(04):187-191.

[59] 王宏.《梦溪笔谈》译本翻译策略研究[J].上海翻译,2010,(01):18-22.

[60] 王宏, 等.基于"大中华文库"的中国典籍英译翻译策略研究[M]. 杭州：浙江大学出版社,2019.

[61] 王宏,刘性峰.当代语境下的中国典籍英译研究[J].中国文化研

究,2015,(02):69-79.

[62]　王宏印.探索典籍翻译及其翻译理论的教学与研究规律[J].中国翻译,2003,(03):50-51.

[63]　王宏印.关于中国文化典籍翻译的若干问题与思考[J].中国文化研究,2015,(02):59-68.

[64]　王宏印.中华民族典籍翻译研究概论[M]. 大连: 大连海事大学出版社,2016.

[65]　王宏印.典籍翻译:三大阶段、三重境界——兼论汉语典籍、民族典籍与海外汉学的总体关系[J].中国翻译,2017,38(05):19-27+128.

[66]　王克非.翻译文化史论[M]. 上海: 上海外语教育出版社,1997.

[67]　王克非.语料库翻译学探索[M]. 上海: 上海交通大学出版社,2012.

[68]　汪榕培, 李正栓,主编. 典籍英译研究·第一辑[M]. 保定: 河北大学出版社,2005.

[69]　王雪明,杨子.典籍英译中深度翻译的类型与功能——以《中国翻译话语英译选集》(上)为例[J].中国翻译,2012,33(03):103-108.

[70]　王烟朦.基于《天工开物》的中国古代文化类科技语英译方法探究[J].中国翻译,2022,43(02):156-163.

[71]　王烟朦.《天工开物》英译多维对比研究[M].北京:中国社会科学出版社,2022.

[72]　王烟朦.从洞见到预见:英语世界的中国典籍翻译研究[M].武汉:武汉大学出版社,2024.

[73]　王烟朦,梁林歆.李乔苹译者惯习及对其《天工开物》英译本的影响考察[J].外国语言文学,2022,39(02):91-102+135-136.

[74]   王烟朦,梁林歆.丁文江的科技典籍译介活动钩沉[J].上海翻译,2021,(03):70-75.

[75]   王烟朦,王海燕,王义静,等.《大中华文库》(汉英对照)之《天工开物》英译者访谈录[J].外国语文研究,2019,5(01):1-8.

[76]   王烟朦,许明武.《天工开物》大中华文库译本中"天"的翻译策略研究[J].西安外国语大学学报,2018,26(02):94-98.

[77]   王烟朦,许明武.科技典籍《天工开物》中修辞格及其风格英译之译者行为批评分析[J].山东外语教学,2020,41(02):105-113.

[78]   王烟朦,许明武.科技典籍《天工开物》英译及其研究述评[J].中国科技翻译,2020,33(03):54-57.

[79]   王烟朦,许明武.《天工开物》中的科学技术哲学及其英译研究[J].外语与翻译,2020,27(03):48-53.

[80]   王烟朦,许明武.《天工开物》中信息型科技术语英译策略对比分析[J].中国科技术语,2020,22(05):46-51.

[81]   王烟朦,许明武,梁林歆.以意逆志与选择性失明——《天工开物》中人文内容的阐释和英译研究[J].自然辩证法通讯,2021,43(11):72-78.

[82]   王烟朦,许明武.《天工开物》文学性迻译与科技典籍英译的"李约瑟范式"[J].翻译研究与教学,2022,(01):101-106.

[83]   俞森林.中国道教经籍在十九世纪英语世界的译介研究[M]. 成都: 巴蜀书社,2015.

[84]   袁运开.科学技术史导论[M]. 北京: 高等教育出版社,2003.

[85]   夏廷德.善译必由之路:论典籍翻译的补偿[J].外语学刊,2009,(02):96-100.

[86] 谢天振.译介学[M]. 上海: 上海外语教育出版社, 2003.

[87] 谢天振.译介学导论[M]. 北京: 北京大学出版社, 2007.

[88] 许多,许钧.中国典籍对外传播中的"译出行为"及批评探索——兼评《杨宪益翻译研究》[J].中国翻译,2019,40(05):130-137.

[89] 许明武,王烟朦.任译《天工开物》深度翻译的"资本"视角解读[J].中国翻译,2017,38(01):92-97.

[90] 许明武,王烟朦.基于《天工开物》英译本的科技典籍重译研究[J].语言与翻译,2017,(02):64-69.

[91] 徐珺,霍跃红.典籍英译:文化翻译观下的异化策略与中国英语[J].外语与外语教学,2008,(07):45-48.

[92] (明)徐霞客 著. (中华经典名著全本全注全译)徐霞客游记:全 4 卷[M]. 朱惠荣, 李兴和 译注,中华书局,2015.

[93] (明)徐霞客 著.(大中华文库)徐霞客游记:全2卷 汉英对照[M]. 朱惠荣今译; 李伟荣, 卢长怀, 贾秀海 英译. 长沙:湖南人民出版社, 2016.

[94] 闫春晓.文本类型理论视角下《梦溪笔谈》英译策略研究[J].上海理工大学学报(社会科学版),2014,36(01):12-17.

[95] 杨渭生.沈括和他的《梦溪笔谈》[J].杭州大学学报(哲学社会科学版),1978,(02):139-156.

[96] 叶珺霏.《孙子兵法》英译研究的文献计量分析（1991—2024）[J].外语研究,2024,41(06):90-97.

[97] 张柏春.传播与会通——《奇器图说》研究与校注[M]. 南京: 江苏科技出版社, 2005.

[98] 张璐.注释作为典籍英译翻译补偿手段有效性的实证研究[J].外语学刊,2020,(04):78-83.

[99] 张西平.传教士汉学研究[M]. 郑州：大象出版社, 2005.

[100] 张西平.欧洲早期汉学史[M]. 北京：中华书局, 2009.

[101] 张西平.西方汉学十六讲[M]. 北京：外语教学与研究出版社, 2011.

[102] 赵长江.十九世纪中国文化典籍英译史[M]. 上海：上海外语教育出版社, 2017.

[103] 郑建宁，殷企平. 闵福德英译《孙子兵法》及其中国经典翻译观 [EB/OL]https://www.cssn.cn/skgz/bwyc/202301/t20230116_5582884.shtml(中国社会科学网-中国社会科学报)[2025-05-06]

[104] 周小玲.基于语料库的译者文体研究[D].湖南师范大学博士学位论文,2011.

[105] 朱越利,主编. 理论·视角·方法：海外道教学研究[M]. 济南：齐鲁书社, 2013.

二、外文文献

[106] Ames, R. T. (Trans.). (1993). Sun-tzu: The art of warfare. Ballantine Books.

[107] Appiah, K. A. (1993). Thick translation. *Callaloo*, 16(4), 817.

[108] Baker, M. (1996). Corpus-based translation studies: The challenges that lie ahead. In H. Somers (Ed.), *Terminology, LSP and translation: Studies in language engineering in honour of Juan C. Sager* (pp. 175-186). John Benjamins Publishing Company.

[109] Bodde, D. (1991). Chinese ideas in the West. In Chinese Thought, Society, and Science: The Intellectual and Social Background of Science and Technology in Pre-modern China, University of Hawaii Press.

[110] Booth, G. (2009). Sun Tzu and the Art of Business: Six Strategic Principles for Managers. Pearson Education.

[111] Bray, F. (1984). *Science and Civilisation in China*: Vol. 6. Biology and biological technology, Part II: Agriculture. Cambridge University Press.

[112] Chesterman, A. (2017). *Reflections on Translation Theory: Selected papers 1993-2014*. John Benjamins.

[113] Cleary, T. (1988). The Art of War. Shambhala.

[114] Cullen, C. (1990). The Science/Technology Interface in Seventeenth-Century China: Song Yingxing on *qi* and the *wu xing*. *Bulletin of the School of Oriental and African Studies*, 53(2), 295-318.

[115] Dilthey, W. (1976). *Selected Writings* (H. P. Rickman, Ed.). Cambridge: Cambridge University Press.

[116] Elman, B. A. (2005). *On Their Own Terms: Science in China, 1550-1900*. Harvard University Press.

[117] Elvin, M. (1972). "The High - Level Equilibrium Trap: The Causes of the Decline of Invention in the Traditional Chinese Textile Industries." *Economic organization in Chinese society*, Stanford, Calif. : Stanford Univ. Press, 137-172.

[118] Elvin, M. (1973). *The Pattern of the Chinese Past: A Social and Economic Interpretation of the Eleventh through the Fourteenth Centuries*. Stanford University Press.

[119] Even-Zohar, I. (1990). *Polysystem Studies*. Durham, NC: Duke University Press.

[120] Gadamer, H. G. (1989). *Truth and Method* (2nd ed., revised). New York: Continuum.

[121] Giles, L. (1910). *The Art of War by Sun Tzu*. Luzac & Co.

[122] Griffith, S. B. (1963). *Sun Tzu: The Art of War*. Oxford University Press.

[123] Grondin, J. (1994). *Introduction to Philosophical Hermeneutics* (J. Weinsheimer, Trans.). New Haven: Yale University Press.

[124] Habermas, J. (1988). *On the Logic of the Social Sciences* (S. W. Nicholsen & J. A. Stark, Trans.). Cambridge: MIT Press.

[125] Hartwell, R. M. (1962). "A Revolution in the Chinese Iron and Coal Industries During the Northern Sung, 960 - 1126 A.D." *The Journal of Asian Studies*, Volume 21 , Issue 2 , February 1962 , pp. 153–162.

[126] Handel, M. I. (1991). Masters of war: Sun Tzu, Clausewitz and Jomini. *Journal of Strategic Studies*, 14(3), 33–56.

[127] Heidegger, M. (1962). *Being and Time* (J. Macquarrie & E. Robinson, Trans.). New York: Harper & Row. (Original work published 1927)

[128] Henderson, G. (2007). *The Art of War: Sun Tzu's Military Methods*. Frank Cass.

[129] Hermans, T. (Ed.). (1985). *The Manipulation of Literature: Studies in Literary Translation*. London: Croom Helm.

[130] Hsieh, C. (1958). Hsia-k'o Hsü, pioneer of modern geography in China. *Annals of the Association of American Geographers* (48): 73-82.

[131] Hu, X. (2024). Paratexts in English Translations of Chinese classical novels in China review. *Journal of Theory and Practice of Social Science*, 4(05), 26–33.

[132] Huff , T. (2010). *The Rise of Early Modern Science: Islam, China, and the West*. Cambridge University Press.

[133] Koskinen, K., & Paloposki, O. (2003). Retranslations in the age of digital reproduction. *Cadernos de Tradução [Translation Notes], 11*(1), 19-38.

[134] Krause, D. G. (1995). *The art of war for executives: Ancient knowledge for today's business professional*, Perigee Trade.

[135] Kuhn, D. (1988). Textile technology: Spinning and reeling. In J. Needham (Ed.), *Science and Civilisation in China: Vol. 5. Chemistry and chemical technology, Part IX: Textile technology: Spinning and reeling* (pp. 57-134). Cambridge University Press.

[136] Lambert, J., & Van Gorp, H. (1985). On Describing Translations. In T. Hermans (Ed.), *The Manipulation of Literature: Studies in Literary Translation* (pp. 42-53). London: Croom Helm.

[137] Li, C. trans., (1974). *The Travel Diaries of Hsu Hsia -k'o*. Hong Kong: Hong Kong Chinese University Press.

[138] Li, Q. trans., (1980). *T'ien-Kung K'ai-Wu: Exploitation of the Work of Nature, Chinese Agriculture and Technology in the XVII Century*. Taipei: China Academy.

[139] Lo, J. (1967) Review: T'ien-kung k'ai-wu: Chinese Technology in the Seventeenth Century. *Journal of Asian Studies*, 26 (2): 303–304.

[140] Mair, V. H. (2007). *The Art of War: Sun Tzu's Military Methods*. Columbia University Press.

[141] McNeilly, M. A. (1996). *Sun Tzu and the Art of Business*. Oxford University Press.

[142] McNeilly, M. R. (2007). *Sun Tzu and the art of business: Six strategic principles for managers*, Tarcher.

[143] Minford, J. (2002). *The Art of War: Sun Tzu*. Penguin Classics.

[144] Mote, F. W. and Twitchett, D. (2008). *The Cambridge History of China*, Volume 7: *The Ming Dynasty 1368-1644*, Part I [M]. Cambridge: Cambridge University Press, 735.

[145] Needham, J. (1954). *Science and Civilisation in China*, Vol.1. Cambridge University Press.

[146] Needham, J. (1959). *Science and Civilisation in China* Vol.3. Cambridge University Press.

[147] Needham, J., Wang, L., & Robinson, K. G. (1962). *Science and Civilisation in China: Vol. 4, Physics and Physical Technology, Part 1: Physics.* Cambridge University Press.

[148] Needham (1965) *Science and Civilisation in China: Volume 4, Physics and Physical Technology, Part 2, Mechanical Engineering.* Cambridge University Press.

[149] Needham, J., Wang, L., & Robinson, K. G. (1971). *Science and Civilisation in China: Vol. 4, Physics and Physical Technology, Part 3: Civil Engineering and Nautics.* Cambridge University Press.

[150] Needham, J. & Tsien Tsuen-Hsuin (1985). *Science and Civilisation in China, Paper and Printing* (Vol. 5, Part 1). Cambridge University Press.

[151] Needham, J. (1986). *Science and Civilisation in China*, Volume 6: Biology and Biological Technology, Part 1: Agriculture. Cambridge University Press.

[152] Needham, J. (1996). *Science and Civilisation in China*, Volume 5: Chemistry and Chemical Technology, Part 9: Textile Technology. Cambridge University Press.

[153] Newmark, P. (1988). *A Textbook of Translation.* Prentice Hall.

[154] Nylan, M. (2022). *The Art of War: A Norton Critical Edition.* W. W. Norton & Company.

[155] Palmer, R. E. (1969). *Hermeneutics: Interpretation theory in Schleiermacher, Dilthey, Heidegger, and Gadamer.* Evanston: Northwestern University Press.

[156] Pardhasaradhi, Y. (2015). The Art of War and its relevance to modern strategic management and administration: A comparative appraisal of Sun Tzu with Kautilya and Clausewitz. *The Indian Journal of Political Science*, 76(4), 1125–1140.

[157] Ricoeur, P. (1976). *Interpretation Theory: Discourse and the Surplus of Meaning.* Fort Worth: Texas Christian University Press.

[158] Ricoeur, P. (1981). *Hermeneutics and the Human Sciences: Essays on Language, Action, and Interpretation* (J. B. Thompson, Ed. & Trans.). Cambridge: Cambridge University Press.

[159] Sawyer, R. D. (1994). *The Seven Military Classics of Ancient China.* Westview Press.

[160] Sawyer, R. D. (Ed.). (2007). *The essential art of war.* Basic Books.

[161] Schäfer, D. (2011). The Crafting of the 10,000 Things: Knowledge and Technology in Seventeenth-Century China. University of Chi

[162] Schleiermacher, F. (1998). *Hermeneutics and Criticism and Other Writings* (A. Bowie, Ed. & Trans.). Cambridge: Cambridge University Press.

[163] Sivin, N. (1966). T'ien-Kung K'ai-Wu. Chinese Technology in the Seventeenth CenturySung Ying-hsing E-tu Zen Sun Shiou-chuan Sun. *Isis* 57 (4):508-509.

[164] Sivin, N. (1995). *Science in Ancient China: Researches and Reflections* (Collected Studies Series, Cs506), Variorum.

[165] Sivin, N. (2009). Why the Scientific Revolution Did Not Take Place in China, or

Why They Were Not Our Cousins, But Still Relatives. *Daedalus*, 138(3), 45-65.

[166] Sivin, N. (2015). Review: Recent Publications on Shen Kuo's *Mengxi bitan* (Brush Talks from Dream Brook), *East Asian Science, Technology, and Medicine*, No. 42, Special Issue on the History of Chinese Medicine: 93-102.

[167] Sivin, N. (Trans.). (2021). Shen Kuo: Empiricism and the "Dream Pool Essays". In *Science in Ancient China: Researches and Reflections* (Chapter 8). Routledge. (Originally published in Cahiers d'Extrême-Asie, 1995).

[168] Skinner, G. W. (1985). Marketing and Social Structure in Rural China. *Journal of Asian Studies*, 44(3), 457-546.

[169] Strassberg, R. E. (Trans. & Ed.). (1994). *Inscribed landscapes: Travel writing from imperial China*. University of California Press.

[170] Sun, E.-t. Z., & Sun, S. C. (1966). *T'ien-kung k'ai-wu*: Chinese Technology in the Seventeenth Century. Pennsylvania State University Press.

[171] Taylor, C. (1971). Interpretation and the Sciences of Man. *The Review of Metaphysics*, 25(1), 3-51.

[172] Temple, R. (1986). *The Genius of China: 3000 Years of Science, Discovery, and Invention*. Simon & Schuster.

[173] Toury, G. (1995). *Descriptive Translation Studies and Beyond*. Amsterdam: John Benjamins.

[174] Tung, R. L. (1994). Strategic management thought in East Asia. *Organizational Dynamics*, 22(4), 55-65.

[175] Wang, H. (Trans.) (2011). *Brush Talks From Dream Brook*, Paths International Ltd.

[176] Ward, J. and Xu, H. (2001). *Xu Xiake (1587-1641): The Art of Travel Writing*[M]. Richmond [England]: Curzon.

[177] Xie, T. (2017). Medio-translatology: New perspectives on comparative literature and translation studies. *Comparative Literature: East and West, 1*(1), 125-133.

[178] Kiyoshi, Y. (1969). *Tenkō kaibutsu no kenkyū* [*A Study of Tiangong Kaiwu*]. Kyōto University Press.

[179] Yuen, D. M. C. (Ed.). (2019). *Understanding Sun Tzu and the art of hybrid warfare*. Routledge.

[180] Zheng, Y. (2014). Chapter 3 "Xu Xiake's travel notes: Motion, records and genre change"[A]. Gal, O. and Zheng, Y. eds. *Motion and Knowledge in the Changing Early Modern World* [C]. Orbits, Routes and Vessels, 31-45.

附 录

"大中华文库"版四部典籍出版信息表及封面图

(Publication Information Table and Cover Images of Four Classics in the "Library of Chinese Classics" Edition)

书名 Title of the Books	原作者 Original authors	成书时间 Date of completion	"文库"版译者、校释者 Translator and proofreader	"文库"版 出版社 Publishers	出版年份 Publication year
《孙子兵法》 *Sun Zi: The Art of War* （汉英对照）	[春秋]孙武 （约前545年—约前480年）	约成书于公元前515年至前512年间	林戊荪英译；吴如嵩、吴显林 校释 Edited and translated into moderm Chinese by Wu Rusong and Wu Xianlin Translated into English by Lin Wusun	外文出版社 Foreign Languages Press； 湖南人民出版社 Hunan People's Publishing House	1999
《梦溪笔谈》 *Brush Talks From Dream Brook* （汉英对照）	[宋]沈括 （1031年—1095年）	成书于1086-1093年间	王宏、赵峥英译，胡道静、金良年、胡小静今译 Translated into modern Chinese by Hu Daojing, Jin Liangniag and Hu Xiaojing Translated into English by Wang Hong and Zhao Zheng	四川人民出版社 Sichuan Publishing Group, Sichuan People's Publishing House	2008
《天工开物》 *Tian Gong*	[明]宋应星 （1587年—约1661年）	初刊于1637年（明崇祯十年）	王义静、王海燕、刘迎春 英译；潘吉星 今译 Written by Song	广东教育出版社 Guangdong	2011

书名 Title of the Books	原作者 Original authors	成书时间 Date of completion	"文库"版译者、校释者 Translator and proofreader	"文库"版 出版社 Publishers	出版年 份 Publica- tion year
Kai Wu （汉英对 照）			Yingxing Translated into Modern Chinese by Pan Jixing, Translated into English by Wang Yijing, Wang Haiyan and Liu Yingchun	Education Publishing House	
《徐霞客游 记》 *The Travel Diaries of Xu Xiake* （汉英对 照）	[明]徐霞客 （1587 年— 1641 年）	成书于 1642 年（明崇祯 十五年）	李伟荣，卢长怀，贾秀 海 英译，朱惠荣今译 Translated into Modern Chinese by Zhu Huirong, Translated into English by Li Weirong , Lu Changhuai and Jia Xiuhai	湖南人民出版 社 Hunan People's Publishing House	2016

注：以下为本书研究对象四部典籍的图书封面图（The following are the book cover images of the four classic works studied in this book）

大中华文库

汉英对照

孙 子 兵 法
SUNZI:
THE ART OF WAR

孙 膑 兵 法
SUN BIN:
THE ART OF WAR

大中华文库

汉英对照

LIBRARY OF CHINESE CLASSICS

Chinese-English

孙子兵法
Sunzi: The Art of War

孙膑兵法
Sun Bin: The Art of War

吴如嵩　吴显林　　校释

林戊荪　　译

Edited and translated into modern Chinese by
Wu Rusong and Wu Xianlin
Translated into English by
Lin Wusun

外文出版社
Foreign Languages Press
湖南人民出版社
Hunan People's Publishing House

大中华文库

汉英对照

梦溪笔谈

BRUSH TALKS FROM DREAM BROOK

I

大中华文库

汉英对照

LIBRARY OF CHINESE CLASSICS
Chinese-English

梦 溪 笔 谈
Brush Talks from Dream Brook
I

胡道静 金良年 胡小静 今译
王 宏 赵 峥 英译

Translated into modern Chinese by Hu Daojing, Jin Liangnian and Hu Xiaojing

Translated into English by Wang Hong and Zhao Zheng

四川出版集团 四川人民出版社
Sichuan Publishing Group Sichuan People's Publishing House

大中华文库

汉英对照

天工开物

TIAN GONG
KAI WU

大中华文库

汉英对照

LIBRARY OF CHINESE CLASSICS
Chinese–English

天工开物
Tian Gong Kai Wu

[明] 宋应星　著

潘吉星　今译

王义静　王海燕　刘迎春　英译

Written by Song Yingxing

Translated into Modern Chinese by Pan Jixing

Translated into English by Wang Yijing, Wang Haiyan and Liu Yingchun

广东教育出版社

GuangDong Education Publishing House

大中华文库

汉英对照

徐霞客游记

THE TRAVEL DIARIES OF XU XIAKE

I

大中华文库
汉英对照

LIBRARY OF CHINESE CLASSICS
Chinese-English

徐霞客游记

The Travel Diaries of Xu Xiake

I

朱惠荣　今译
李伟荣　卢长怀　贾秀海　英译
Translated into Modern Chinese by Zhu Huirong
Translated into English by Li Weirong, Lu Changhuai and Jia Xiuhai

湖南人民出版社
Hunan People's Publishing House

后 记

本书的缘起是笔者主持的四川省社科规划项目"文化多样性视域下中华典籍海外译介与多维诠释研究"（项目编号：SC22WY024）。笔者在学术积累的基础上对"大中华文库"系列中代表性科技典籍的翻译与诠释进行了系统性研究的成果。全书共 15 万字，聚焦《孙子兵法》《梦溪笔谈》《天工开物》和《徐霞客游记》四部典籍的英译实践，结合翻译学、诠释学、文化传播学等理论视角，探讨其译介过程中的跨文化适应、诠释差异及传播效果。本书的撰写得到了本人在西华大学任教期间主持的科研课题以及本科、研究生教学教改项目（编号：YKC202423；YJG202523）的支持，也是本人主持的相关课题的阶段性研究成果，包括"中华文化外译与研究中心 2024 年项目'李约瑟《中国科学技术史》对巴蜀古代科技与典籍的外译研究'（项目编号：ZY24B11）"、西南交通大学美国研究中心项目"美国科学史家席文的中国学研究、译介及其影响（项目编号：ARC2024012）"、"川酒文化国际传播研究中心 2024 年度规划项目'李约瑟《中国科学技术史》对白酒科技的译介与传播研究'（项目编号：CJCB2024-16）"。

在全球化的今天，中国文化"走出去"已成为国家文化战略的重要组成部分。中华典籍作为中华文明的重要载体，其译介与传播对于提升国家文化软实力、促进世界文明互鉴具有重要意义。然而，相较于文学类典籍，科技类典籍的翻译与诠释研究仍显薄弱。尽管包括本书研究对象在内的一些科技典籍已得到一定关注，但研究的广度和深度仍有待拓展，尤其是从多元文明视角探讨翻译策略与诠释方法的研究较为欠缺。

本书以"大中华文库"系列中的科技典籍英译本为主要研究对象，旨在系统梳理其翻译与诠释的特点，分析中外学者在解读过程中的文化差异，并探讨如何在全球化背景下推动中华科技典籍的海外传播。全书共分为 7 章，主要内容包括中华科技典籍翻译的历史与现状，梳理国内外相关研究，指出当前研究的不足与未来方向；"大中华文库"科技典籍的译介实践，以《孙子兵法》《梦溪笔谈》《天工开物》《徐霞客游记》

为例，分析不同译者的翻译策略及其背后的文化逻辑；诠释差异与文化适应，探讨中外学者在理解典籍内涵时的不同视角，如《孙子兵法》中的"道、天、地、将、法"在西方军事哲学影响下的重新诠释；跨文化传播的挑战与对策，结合李约瑟《中国科学技术史》等西方学者的研究，分析科技典籍在海外接受过程中的影响因素，并提出优化译介策略的建议。

本书的研究不仅有助于深化对中华科技典籍的理解，也为跨文化翻译与传播提供了新的视角。在全球文化多样性发展的背景下，如何通过翻译与诠释实现中华优秀传统文化的海外传播与认同，是一个值得持续探讨的课题。本书的出版，希望能为相关领域的研究者提供参考，同时也期待学界同仁的批评指正，以推动这一领域的进一步发展。

本书的完成离不开诸多师友的支持。感谢西华大学外国语学院提供的学术资源与资助，也感谢出版社编辑团队的辛勤付出。此外，本书在撰写过程中参考了大量国内外学者的研究成果，在此一并致谢。由于学识所限，书中难免存在疏漏与不足，恳请各位专家、读者不吝赐教，以便未来修订完善。

作者

2025 年 3 月